Pastoreando
o Coração da
Criança

TEDD TRIPP

Pastoreando
o Coração da
Criança

T836p Tripp, Tedd
        Pastoreando o coração da criança / Tedd Tripp ; [tradução: Ângela Guerrato]. – 2. ed. – São José dos Campos, SP: Fiel, 2017.

        302 p. : il.
        Tradução de: Shepherding a child's heart.
        ISBN 9788581323978

        1. Crianças - Formação - Aspectos religiosos – Cristianismo. 2. Responsabilidade dos pais - Doutrina bíblica. 3. Pais e filhos - Doutrina bíblica. I. Título.

        CDD: 248.845

Catalogação na publicação: Mariana C. de Melo Pedrosa – CRB07/6477

Pastoreando o Coração da Criança
traduzido do original em inglês:
Shepherding a Child's Heart
por Tedd Tripp
Copyright © 1995 by Tedd Tripp

∎

Publicado por Shepherd Press
P.O.Box 24, Wapwallopen, PA
18660, USA.

Copyright © 1998 Editora Fiel
Primeira edição em português: 1998
Segunda edição em português: 2017
Todos os direitos em língua portuguesa reservados por Editora Fiel da Missão Evangélica Literária

PROIBIDA A REPRODUÇÃO DESTE LIVRO POR QUAISQUER MEIOS SEM A PERMISSÃO ESCRITA DOS EDITORES, SALVO EM BREVES CITAÇÕES, COM INDICAÇÃO DA FONTE.

∎

Diretor Executivo: Tiago J. Santos Filho
Editor-chefe: Vinicius Musselman Pimentel
Editora: Renata do Espírito Santo T. Cavalcanti.
Coordenação Editorial: Gisele Lemes
Tradução: Ângela Guerrato
Revisão: Marilene Paschoal e Laíse Oliveira
Diagramação: Rubner Durais
Capa: Tobias outerwear for books
    (Adaptação: Edvânio Silva)
ISBN impresso: 978-85-8132-397-8
ISBN e-book: 978-85-8132-458-6

Caixa Postal 1601
CEP: 12230-971
São José dos Campos, SP
PABX: (12) 3919-9999
www.editorafiel.com.br

Sumário

Introdução 7

PARTE 1: FUNDAMENTOS PARA UMA CRIAÇÃO DE FILHOS ORIENTADA PELA BÍBLIA

1. Chegando ao âmago do comportamento 19
2. O desenvolvimento do seu filho: Influências que moldam 29
3. O desenvolvimento do seu filho: Orientação em direção a Deus 39
4. Você está no comando 51
5. Examinando seus propósitos 69
6. Modificando seus objetivos 83
7. Descartando métodos não bíblicos 95
8. Adotando métodos bíblicos: Comunicação 113
9. Adotando métodos bíblicos: Tipos de comunicação 127
10. Adotando métodos bíblicos: Uma vida de comunicação 141
11. Adotando métodos bíblicos: A vara 155
12. Adotando métodos bíblicos: Apelo à consciência 175
13. Fundamentos: Resumo 185

PARTE 2: PASTOREANDO ATRAVÉS DAS FASES DA INFÂNCIA À ADOLESCÊNCIA

14. Da infância à pré-escola: Objetivos de treinamento 189

15. Da infância à pré-escola: Procedimentos de treinamento 211

16. Da escola à pré-adolescência: Objetivos de treinamento 231

17. Da escola à pré-adolescência: Procedimentos de treinamento 245

18. Adolescência: Objetivos de treinamento 263

19. Adolescência: Procedimentos de treinamento 283

Introdução

Jennifer estava deixando de fazer sua lição de casa. A professora chamou os pais da menina para pedir-lhes ajuda. Eles não podiam ajudá-la. Apesar de seus doze anos de idade, Jennifer não os obedecia; ela não estava debaixo de suas autoridades. Seus pais esperavam que a escola fornecesse a orientação e a motivação que eles não estavam podendo oferecer à sua filha.

Esta história é bastante comum. Na idade de 10 a 12 anos, muitos filhos já saíram de casa. Não estou me referindo aos trágicos casos dos garotos da *Times Square*, na cidade de Nova Iorque, ou da Candelária, no Rio de Janeiro. Refiro-me a muitas crianças que, na idade de 10 a 12 anos, já deixaram efetivamente de considerar a mãe e o pai como uma autoridade ou um referencial para suas vidas.

Nossa cultura perdeu seus recursos no que diz respeito à criação de filhos. Somos como um navio sem leme e sem rumo. Não temos senso de direção, nem a capacidade de orientar a nós mesmos.

Como isto aconteceu? Vários problemas convergiram a esta encruzilhada em nossa época e cultura.

Muitas pessoas têm filhos, mas não querem agir como pais. Nossa cultura os têm convencido de que precisam satisfazer sua sede pessoal por realização. Em uma cultura de autoabsorção, filhos são uma evidente desvantagem.

Assim, os pais passam um tempo mínimo com seus filhos. A noção de qualidade de tempo é mais atraente do que a antiga ideia de quantidade de tempo.

Os pais de hoje são parte de uma geração que jogou fora a autoridade. Os protestos raciais e antiguerras, dos anos 60, moldaram fortemente suas mentes. O movimento de protestos desafiou os corretos padrões morais e sociais e mudou a maneira de pensarmos sobre autoridade e direitos individuais.

Como resultado, não é mais culturalmente aceitável que o pai seja o chefe do lar. A mãe não atende obedientemente ao que o pai diz, nem mesmo finge atendê-lo. O pai não tem mais respeito pelo patrão ou o receio de ser despedido por capricho. Os chefes de ontem usavam autoridade para atingir seus alvos; os de hoje, usam abonos e incentivos.

O que quero dizer com isto? Simplesmente que as crianças criadas neste clima não mais se assentam enfileiradas na escola. Não mais costumam pedir licença para falar. Não têm mais medo de responder mal aos seus pais. Não aceitam um papel submisso na vida.

Como isto afeta a criação de filhos? Os velhos métodos de criação não funcionam mais. Os velhos métodos de exercer autoridade são ineficazes, e não conhecemos nenhum novo método que funcione.

A igreja pediu emprestado ao mundo o velho método de criação do tipo: "Obedeça, garoto, senão eu vou puxar sua orelha". Isto parecia funcionar. As crianças pareciam obedecer; eram exteriormente submissas. Este método não funciona mais, visto que a nossa cultura não atende mais à autoridade como o fazia há apenas uma geração. Lamentamos a decadência desse método de criar filhos, porque sentimos falta de sua simplicidade. Receio, porém, que temos ignorado os meios e os objetivos antibíblicos desse método.

Hoje, os pais estão frustrados e confusos. Os filhos não reagem mais como deveriam, e os pais não entendem o motivo. Muitos concluíram que a tarefa de ser pai é impossível. Alguns simplesmente desistem, frustrados. Outros tentam fazer funcionar métodos ainda mais antigos, exercendo autoridade ao extremo. Enquanto isso, uma geração de crianças está se estragando.

Nossa cultura evangélica está quase tão confusa quanto a sociedade em geral. Estamos perdendo nossos filhos. Os pais de filhos pequenos vivem com temor mortal da adolescência. Os pais de adolescentes lembram os seus filhos, continuamente, de que o dia deles chegará. Quando eu tinha três filhos adolescentes, as pessoas procuravam me consolar. Era de se esperar que os problemas crescessem junto com os filhos.

O propósito deste livro é afirmar que a situação não é sem esperança. Você pode criar filhos com métodos santos, -independentemente da época na qual vivemos. Não precisa e, de fato, não deve se esquivar por concluir que essa tarefa é impossível. A experiência pode lhe dizer que o fracasso é inevitável; porém, a experiência é um guia inseguro.

O único guia seguro é a Bíblia. Ela é a revelação de um Deus que tem conhecimento infinito e, portanto, pode oferecer-lhe verdade absoluta. Deus lhe deu uma revelação suficiente e completa. Ela apresenta um quadro exato e compreensível a respeito de filhos, pais, vida familiar, valores, treinamento, desenvolvimento, disciplina — tudo o que você precisa para estar equipado, a fim de executar a tarefa de criar filhos.

Os métodos de Deus não têm sido comprovados como inadequados; simplesmente não estão sendo experimentados. A igreja espelha os problemas de nossa cultura porque, na geração passada, não estávamos realizando biblicamente a tarefa de criar filhos. Estávamos aplicando apenas o que funcionava. Infelizmente, ainda estamos tentando fazer a mesma coisa, embora, devido a mudanças em nossa cultura, isso não mais funcione.

Deixe-me dar uma visão geral dos princípios bíblicos para a tarefa de criar filhos.

AUTORIDADE

Deus chama suas criaturas para viverem sob autoridade. Ele é a nossa autoridade e outorgou autoridade às pessoas, dentro das instituições que estabeleceu (lar, igreja, estado, negócios). Vocês não devem se envergonhar de serem autoridades sobre seus filhos.

Vocês exercem autoridade como agentes de Deus. Não devem orientar seus filhos segundo seus próprios interesses e conveniência. Precisam orientá-los segundo os padrões de Deus para o bem deles.

Nossa cultura tende continuamente a assumir os extremos. Em autoridade, tendemos a um autoritarismo excessivo (uma abordagem do tipo "John Wayne") ou a uma postura fraca. Deus os chama, através de sua Palavra e exemplo, a exercerem uma autoridade verdadeiramente gentil. Deus os chama a exercerem autoridade, e não a obrigarem seus filhos a fazerem o que vocês querem. Ele os chama a serem verdadeiros servos, ou seja, autoridades que entregam suas próprias vidas. O propósito desta autoridade nas vidas de seus filhos não é mantê-los debaixo do seu poder, mas capacitá-los a serem pessoas autocontroladas que vivem livremente sob a autoridade de Deus.

Jesus é o exemplo desse estilo de vida. Aquele que tem o comando, aquele que possui toda autoridade veio como um servo. Ele é o Soberano que serve; também é o Servo que governa. Ele exerce a autoridade soberana que é gentil — autoridade exercida em favor de seus súditos. Em João 13.3, mesmo sabendo que o Pai colocara todas as coisas sob sua autoridade, Jesus tomou uma toalha e lavou os pés dos discípulos. Quando seu povo se submete à sua autoridade, é capacitado a viver livremente na liberdade do evangelho.

Como pais, vocês precisam exercer autoridade. Precisam exigir a obediência de seus filhos, visto que eles são chamados por Deus a obedecerem e honrar vocês. Precisam exercer autoridade, não como um cruel carrasco, mas como quem verdadeiramente os ama.

Os pais que são "déspotas benevolentes" não veem seus filhos apressados em abandonar a casa. Os filhos raramente deixam um lar onde suas necessidades são atendidas. Quem gostaria de deixar um relacionamento onde se sente amado e respeitado? Quem abandonaria pais que o conhecem e entendem? Que filho fugiria de alguém que o compreende, entende a Deus e seus métodos, entende o mundo e sua maneira de funcionar, alguém que está comprometido em ajudá-lo a ser bem-sucedido?

Durante vinte e cinco anos de administração escolar, criação de filhos, trabalho pastoral e aconselhamento, observo que os filhos em geral não resistem à autoridade que é verdadeiramente gentil e altruísta.

PASTOREANDO

Se "autoridade" descreve, de maneira mais correta, o relacionamento entre pai e filho, a melhor descrição das atividades do pai em relação ao filho é "pastorear". O pai é o guia do filho. Este processo de pastorear ajuda a criança a entender a si mesma e ao mundo em que vive. O pai pastoreia o filho através da avaliação deste e de suas reações. Ele o pastoreia a fim de que entenda não apenas "o que" de suas ações, mas também o "porquê". Como o pastor de seu filho, você quer ajudá-lo a entender a si mesmo como uma criatura feita por Deus e para ele. Você não pode mostrar-lhe estas coisas meramente pela instrução; deve guiá-lo no caminho da descoberta. Precisa pastorear seus pensamentos, ajudando-o a aprender o discernimento e a sabedoria.

Este processo de pastorear é uma rica interação com seu filho, mais rica do que simplesmente dizer-lhe o que fazer e pensar. Pastorear envolve investir sua vida em seu filho, através de uma comunicação aberta e honesta que expõe o significado e o propósito da vida. Não é simplesmente direção, mas, sim, direção em que há autorrevelação e compartilhamento. Valores e vitalidade espiritual não são simplesmente ensinados, mas assimilados.

Provérbios 13.20 diz: "Quem anda com os sábios será sábio". O objetivo de um pai sábio não é simplesmente discutir, mas demonstrar o frescor e a vitalidade de uma vida dedicada integralmente a Deus e a sua família. Ser pai ou mãe é pastorear o coração dos filhos nos caminhos da sabedoria de Deus.

A CENTRALIDADE DO EVANGELHO

As pessoas frequentemente perguntam se espero que meus filhos se tornem crentes. Costumo responder que o evangelho é poderoso e atraente. Ele atende de modo singular às necessidades de toda a humanidade. Portanto, espero que a Palavra de Deus seja o poder de Deus para a salvação de meus filhos. Essa expectativa fundamenta-se no poder do evangelho e sua adequação às necessidades humanas, não na aplicação de uma fórmula correta capaz de produzir filhos crentes.

O foco central na criação de filhos é o evangelho. Você precisa direcionar não apenas o comportamento de seus filhos, mas as atitudes de seus corações. Precisa mostrar não apenas o que", mas também o "porquê" de seus pecados e fracassos. Seus filhos necessitam desesperadamente entender não apenas "o que" fizeram exteriormente de errado, mas também "porquê" o fizeram, que é o aspecto interior. É necessário ajudá-los a perceberem que a Palavra de Deus trabalha de dentro para fora. Portanto, na criação de seus filhos, o objetivo não pode ser simplesmente ver crianças bem-comportadas. Seus filhos devem também compreender por que pecam e como experimentar uma mudança interior.

Às vezes, os pais dão aos filhos padrões abaixo dos padrões bíblicos, pensando que seus filhos, por não serem cristãos, não podem, de coração, obedecer a Deus. Por exemplo, a Bíblia diz para fazer o bem àqueles que nos maltratam. Mas, quando os filhos são empurrados no pátio escolar, os pais lhes orientam a ignorar o ocorrido. Ou pior, alguns pais orientam seus filhos a revidar quando alguém bate neles.

Este conselho antibíblico afasta as crianças da cruz. Não se precisa da graça de Deus para ignorar o opressor.

Não se precisa da graça sobrenatural para lutar por nossos direitos. Para fazer o bem ao opressor, orar por aqueles que nos maltratam e confiar a vida ao justo Juiz, requer que uma criança veja a si ·mesma face a face com a pobreza de seu próprio espírito e a sua necessidade do poder transformador do evangelho.

A lei de Deus não é fácil para o homem natural. Seu padrão é elevado e não pode ser alcançado à parte de Deus e da graça sobrenatural que vem dele. A lei de Deus nos ensina a respeito da nossa necessidade de graça. Quando você deixa de expor o padrão divino, rouba de seus filhos a misericórdia do evangelho.

INTERNALIZANDO O EVANGELHO

Em última análise, seus filhos devem internalizar a mensagem do evangelho. Cada filho, dentro de um lar cristão, em alguma ocasião, examinará as reivindicações do evangelho e decidirá se abraçará a verdade contida nele.

Veja o processo desta forma: ele conhecerá as declarações do evangelho e decidirá tomá-las para si mesmo ou lançá-las fora.

O pai e a mãe têm uma oportunidade maravilhosa de ajudar seu filho adolescente a buscar, com honestidade, todas as respostas às suas perguntas de fé. A Palavra de Deus é forte; a fé cristã pode suportar um escrutínio preciso e honesto. Todas as pessoas não têm a obrigação de formular todas as perguntas, mas todos têm a obrigação de externar todas as suas próprias perguntas.

MUTUALIDADE COMO POVO SOB A AUTORIDADE DE DEUS

Recentemente tive uma conversa com meu filho. Ele falava sobre as coisas que Deus estava lhe ensinando. Compartilhou novas descobertas sobre si mesmo e o que essas descobertas significavam no seu conhecimento de Deus, de formas que iam além das teorias.

Enquanto conversávamos, parecia que eu falava não com o meu filho, mas com outro homem. Não lhe dava instruções. Compartilhávamos da boa experiência de conhecer a Deus. Gozei de um maravilhoso senso de mutualidade com este homem (que antes fora um garoto a quem instruí, disciplinei e por quem lutei em oração). Obrigado, Deus!

PARTE 1

FUNDAMENTOS PARA UMA CRIAÇÃO DE FILHOS ORIENTADA PELA BÍBLIA

Capítulo 1

Chegando ao âmago do comportamento

A Escritura ensina que o coração é o centro de controle da vida. A vida de uma pessoa reflete o que está no seu coração. Provérbios 4.23 afirma isto com as seguintes palavras: "Sobre tudo o que se deve guardar, guarda o teu coração, porque dele procedem as fontes da vida".

A figura 1 é uma ilustração gráfica. O coração é fonte da qual emanam as realizações da vida. Este assunto é abordado em outras partes da Bíblia. O comportamento de uma pessoa é a expressão do fluir do coração.

Fig.1
O coração determina o comportamento

Você pode colocar nestes termos: o coração determina o comportamento. O que você diz e faz expressa a orientação de seu coração. Marcos 7.21-22 diz: "Porque de dentro, do coração dos homens, é que procedem os maus desígnios, a prostituição, os furtos, os homicídios, os adultérios, a avareza, as malícias, o dolo, a lascívia, a inveja, a blasfêmia, a soberba, a loucura". Estes males, em palavras e ações, vêm de dentro — do coração.

O que seus filhos dizem e fazem é um reflexo do que está em seus corações.

Lucas 6.45 confirma:

> O homem bom do bom tesouro do coração tira o bem, e o mau do mau tesouro tira o mal; porque a boca fala do que está cheio o coração.

Estas passagens são instrutivas na tarefa de criar filhos. Ensinam que a questão básica não é o comportamento. A questão básica é sempre o que está acontecendo no coração. Lembre-se, o coração é o centro de controle da vida.

Os pais frequentemente desviam-se ao tratar do comportamento. Se o seu objetivo principal na disciplina é a mudança de comportamento, é fácil entender porque acontece o desvio. Aquilo que o alerta para a necessidade de correção em seu filho é o comportamento. A maneira de agir de seu filho o irrita e, portanto, chama a sua atenção, tornando-se o seu foco. Você imagina que fez a correção necessária, quando mudou um comportamento inaceitável por uma conduta aprovada e digna de apreciação.

"Qual é o problema?", você pergunta. O problema é este: as necessidades de seu filho são muito mais profundas do que seu comportamento impróprio. Lembre-se: o comportamento dele não surge sem causa. Seu comportamento — as coisas que ele diz e faz — reflete o coração. Se você realmente quer ajudá-lo, tem de preocupar-se com as atitudes de coração que impulsionam o seu comportamento.

Uma mudança de comportamento que não advém de uma mudança de coração não é recomendável; é *condenável*. Não foi a hipocrisia que Jesus condenou nos fariseus? Em Mateus 15, Jesus denunciou os fariseus que o honravam com seus lábios, enquanto seus corações estavam distantes dele. Jesus os censurou como pessoas que limpavam o exterior do copo, enquanto o interior continuava sujo. Entretanto, fazemos isso frequentemente ao criarmos nossos filhos. Exigimos comportamento e não nos dirigimos ao coração que impulsiona o comportamento.

O que você precisa fazer em termos de disciplina e correção? Deve requerer um comportamento apropriado. A lei de Deus exige assim. Porém, você não pode satisfazer-se em deixar a questão neste ponto. Você precisa entender, e ajudar seu filho a perceber como o seu coração errante produziu um comportamento errado. Como o seu coração se desviou para produzir este comportamento? De que maneiras peculiares sua incapacidade, sua recusa em conhecer, confiar em Deus e obedecer-lhe resultaram em ações e palavras erradas?

Tomemos um exemplo bem conhecido: um lar onde há dois ou mais filhos. As crianças estão brincando e surge uma briga por um certo brinquedo. A pergunta clássica é: "Quem pegou primeiro?" Esta pergunta deixa de lado questões vitais. "Quem pegou primeiro?" é uma questão de justiça. A justiça opera em favor da criança que foi mais rápida em pegar o brinquedo. Se olharmos para esta circunstância em termos do coração, as questões mudarão.

Com este ponto de vista, você tem dois ofensores. As duas crianças revelam uma dureza de coração, uma para com a outra. Ambas estão sendo egoístas. As duas crianças estão dizendo: "Eu não me importo com você ou com sua felicidade. Estou interessado somente em mim mesmo. Quero este brinquedo. Ele é a condição para minha felicidade. Vou tê-lo e serei feliz, não importa o que isso significa para você".

Em termos das questões do coração, você tem dois filhos pecando. Os dois estão preferindo a si mesmos e não um ao outro. Os dois estão quebrando a lei de Deus. É claro, as circunstâncias são diferentes. Um está tomando o brinquedo do outro. Um deles está levando a vantagem. As circunstâncias são diferentes, mas a questão do coração é a mesma, ou seja, "eu quero a minha felicidade, mesmo às suas custas".

Você percebe, então, como as atitudes do coração direcionam o comportamento. Isto é sempre verdade. Todo comportamento está ligado a alguma atitude do coração. Portanto, a disciplina deve se dirigir às atitudes do coração.

A compreensão disto faz coisas maravilhosas em favor da disciplina. Ela faz do coração o alvo da questão, e não somente o comportamento. Essa compreensão focaliza a correção em coisas mais profundas do que somente na mudança de comportamento. O ponto de confronto é o que está acontecendo no coração. Sua preocupação é desmascarar o pecado de seu filho, ajudando-o a entender como o comportamento dele reflete um coração pecador. Este fato o leva à cruz de Cristo e ressalta a necessidade de um salvador. Fornece oportunidade de mostrar as glórias de Deus, que enviou seu Filho para transformar corações e libertar as pessoas aprisionadas ao pecado.

Esta ênfase é a linha fundamental deste livro: o coração é a fonte da vida. Portanto, criar filhos diz respeito a pastorear o coração. Você precisa aprender a educar, voltar-se para o coração, a partir do comportamento visível, expondo aos seus filhos as questões do coração. Em resumo, você deve aprender a envolvê-los e não a reprová-los. Ajude-os a ver que a forma como estão tentando aplacar a sede de suas almas é com coisas que não satisfazem. Você precisa ajudar seus filhos a divisarem um foco claro da cruz de Cristo.

Eis a proposição: o comportamento é impulsionado pelo coração, portanto, correção, disciplina e treinamento — toda a criação de filhos — deve dirigir-se ao coração. A tarefa fundamental na criação de filhos é pastorear o coração deles.

Esta proposição direcionará tudo o que vocês farão como pais. Ditará seus objetivos, fornecerá seus métodos. Moldará o seu conceito de como as crianças se desenvolvem.

Este livro endereça-se às variadas facetas da criação de filhos. Veremos a perspectiva bíblica da tarefa de criar filhos. Examinaremos o tipo de desenvolvimento das crianças. Focalizaremos os objetivos da criação de filhos. Consideraremos métodos de treinamento. E, em todos estes tópicos, a questão central será pastorear o coração.

Não estou oferecendo uma metodologia simples e hábil, nem promovendo um novo plano de três passos para se obter filhos sem problemas. Não estou apresentando uma maneira simples de atender às necessidades deles, a fim de que você possa ir em frente com sua vida. Estou, entretanto, desejando explorar, juntamente com você, novas maneiras de empreender a tarefa de treinamento que Deus lhe confiou. Ofereço estas ideias como alguém que não é novo nesta tarefa; nem me tornei um cínico no assunto. Estou mais entusiasmado do que nunca sobre esta tarefa. Estou cheio de esperança e certo de que Deus pode nos capacitar para suscitar em nossos lares uma semente santa para a igreja.

Tenho visto famílias assumirem os princípios descritos neste livro. Tenho visto pais pastoreando crianças felizes, produtivas, que estão conscientes a respeito de si mesmas e da vida. Recentemente, visitei um lar desse tipo. A família estava alegre e vibrante. Os filhos adolescentes estavam em casa, porque ali era um lugar aprazível para estar. O pai e a mãe eram tidos em grande estima, e os filhos buscavam o conselho deles. A Bíblia e a verdade bíblica sopravam através de toda a conversação — não como um calor abafado, mas como uma brisa refrescante e geradora de vida. Neste lar, cinco gerações têm guardado a fé, e a sexta geração está aprendendo que Deus é o fundamento da vida, em cuja luz nós vemos a luz.

Vale a pena lutar por estas coisas. Esta é uma visão que vale o sacrifício.

Você precisa buscar respostas nas Escrituras, a fim de desmanchar o emaranhado de confusão a respeito da criação de filhos. Estou convencido de que as Escrituras são suficientemente fortes para oferecer-nos todos os modelos e conceitos que necessitamos para esta tarefa. Por muito tempo, a igreja tentou integrar formas de pensamento bíblico e não bíblico, procurando responder às perguntas sobre a criação de filhos. Este enxerto produziu um fruto amargo. Precisamos entender nossa tarefa biblicamente.

Você precisa entender seu filho em relação a um conjunto de questões que o afetam:

1) A criança e seu relacionamento com as influências formativas da vida.

2) A criança e seu relacionamento com Deus.

No próximo capítulo, discutiremos estas duas áreas do desenvolvimento da criança.

APLICAÇÃO PRÁTICA
1. Explique a importância de lidar-se com o coração na disciplina e na correção dos filhos.
2. Descreva a centralidade do coração em direcionar o comportamento.

3. Por que é tão fácil ver somente o comportamento quando as questões do coração são claramente muito mais importantes?
4. O que está errado com a mudança de comportamento sem a mudança de coração?
5. Se o alvo da disciplina é direcionado ao coração, isso muda a abordagem da disciplina e da correção?

Capítulo 2

O desenvolvimento do seu filho: Influências que moldam

Meu filho, aos onze anos, criava porcos e estava frustrado. Os porcos viravam os recipientes de água com seus focinhos, tornando impossível manter a água fresca para eles. Decidimos fazer uma bacia de concreto suficientemente pesada para impedir os porcos de virarem a água. Construímos uma forma de madeira e começamos a derramar o concreto na forma.

Enquanto trabalhávamos, comecei a contar aos meninos como suas jovens vidas eram semelhantes a este nosso projeto. As estruturas de nossos lares eram como a forma. Suas vidas eram como o concreto derramado. Um dia, quando a forma fosse removida, eles seriam fortes e úteis. A disciplina sofrida na infância fortaleceria suas vidas adultas. Eu falava com eloquência, e eles ouviam com cortesia e respeito.

Quando parei meu discurso a fim de respirar, eles correram para brincar, claramente pouco impressionados com a semelhança entre suas jovens vidas e a bacia para os porcos.

Os garotos não estavam preparados para pensar tão racionalmente. Eu não podia culpá-los. Não é fácil pensar sobre as influências que moldam as vidas dos filhos. No entanto, eles estão sendo formados e moldados pelas circunstâncias da vida. Todas as questões da vida familiar têm um impacto profundo sobre o tipo de pessoa que a criança se torna.

INFLUÊNCIAS FORMATIVAS

Neste capítulo, apresentarei um quadro para ajudá-lo a entender as influências formativas da infância. Embora o termo "influências formativas" seja novo, o significado é tão antigo quanto a humanidade. Influências formativas são aqueles eventos e circunstâncias, nos anos de desenvolvimento da criança, que se comprovam catalisadores para tornarem-na a pessoa que ela é. Porém, a formação não é automática; as maneiras como a criança reage a estes eventos e circunstâncias determinam o efeito que eles têm sobre ela.

Existe uma clara recomendação bíblica para se reconhecer as implicações da experiência da primeira infância. As principais passagens que lidam com o tema da família (Deuteronômio 6, Efésios 6 e Colossenses 3) pressupõem as implicações na vida inteira que advêm da experiência na primeira infância. As Escrituras demandam sua atenção às influências formativas.

A pessoa que seu filho se torna é um produto de duas coisas: a primeira é sua experiência de vida; a segunda é como ele interage com essa experiência. O primeiro quadro lida com as influências formativas da vida. No próximo capítulo, apresentarei um quadro tratando das respostas da criança àquelas influências formativas. Ela não apenas recebe a ação das circunstâncias da vida; ela reage. Responde de acordo com a orientação em direção a Deus que existe em seu coração. Entender estes quadros o ajudará a reconhecer onde seus filhos necessitam de estrutura e de pastoreio.

As setas no diagrama abaixo representam estas influências formativas. Estas influências, tanto dentro como fora do controle dos pais, chegam até a criança e afetam poderosamente sua vida.

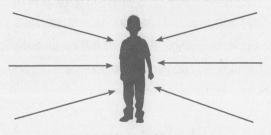

Fig. 2 - Influências formativas

ESTRUTURA DA VIDA FAMILIAR

Uma destas setas representa a estrutura da vida familiar. É um tradicional núcleo familiar? À quantas gerações de pais a criança está exposta? É uma família de duas ou de três gerações? Ambos, pai e mãe, estão vivos e exercem suas funções como pais, dentro do lar? Como são estruturados os papéis dos pais? Existem outras crianças ou a vida familiar é organizada em torno de uma criança somente? Qual a ordem de nascimento das crianças? Qual o relacionamento entre as crianças? Qual a proximidade ou distância entre elas em termos de idade, habilidade, interesse ou personalidade? Como a personalidade da criança se mescla com a dos outros membros da família?

Sally e seu marido vieram à procura de aconselhamento. Eram recém-casados e enfrentavam ajustamentos difíceis. Um dos mais difíceis problemas para Sally era que seu marido não organizava sua vida em torno dela. Ela era filha única. Embora seus pais não a tivessem mimado, nem esbanjado bens materiais para com ela, fizeram de seus desejos e necessidades uma prioridade. Agora, ela não se sentia amada, visto que seu marido não estruturava sua vida ao redor de seus desejos. A vida familiar de Sally, quando criança, havia moldado profundamente suas necessidades e expectativas a respeito de seu marido.

VALORES FAMILIARES

Outra seta denota valores familiares. O que é importante para os pais? O que motiva um debate e o que passa sem ser notado? Pessoas são mais importantes do que coisas? Os pais ficam mais preocupados por causa de um furo na calça do uniforme escolar ou por causa de uma briga entre os colegas? Que filosofias e ideias a criança ouviu? Os filhos devem ser vistos e não ouvidos no lar? Quais são as regras faladas e não faladas da vida familiar? Onde Deus se encaixa na vida familiar? A vida é organizada em torno de se conhecer e amar a Deus ou a família está em uma órbita diferente? "Cuidado que ninguém vos venha a enredar com sua filosofia e vãs sutilezas, conforme a tradição dos homens, conforme os rudimentos do mundo e não segundo Cristo" (Colossenses 2.8). A pergunta que você precisa fazer é esta: os valores de seu lar são baseados na tradição humana e nos princípios básicos deste mundo ou em Cristo?

Perguntei recentemente a um garotinho de dez anos sobre o que poderia causar-lhe mais problema: quebrar um vaso caro ou desobedecer a uma ordem específica de seus pais. Sem hesitação, ele disse que seria muito pior se quebrasse um vaso. Esse garoto aprendeu os valores do lar. Ele percebeu um valor não pronunciado, o qual diz que vasos caros causam muito mais preocupação para seus pais do que garotos desobedientes. Tais valores baseiam-se em filosofias superficiais e enganosas.

Existem outros aspectos dos valores familiares. Quais são os limites dentro da família? Onde os segredos são guardados e onde são revelados? Os relacionamentos com os vizinhos são instintivamente abertos ou restritos? Qual a altura das muralhas em torno da família? Onde estas muralhas podem ser penetradas? Algumas famílias nunca revelariam seus problemas aos seus parentes, mas livremente os compartilhariam com um vizinho. Outros chamariam um irmão para ajudar, mas nunca um vizinho que está próximo (ver Provérbios 27.10). Algumas crianças crescem sem saber qual o salário do papai, enquanto outras sabem o saldo bancário dele diariamente. Alguns pais não revelam segredos aos seus filhos. Alguns filhos compartilham segredos, mas não com seus pais. Às vezes, mãe e filhos não revelam segredos ao pai. Às vezes, pai e filhos não revelam segredos à mãe. Toda família estabelece limites familiares; podem não ser falados nem refletidos, mas existem.

PAPÉIS FAMILIARES

Dentro da estrutura familiar há papéis que cada membro da família desempenha. Alguns pais estão envolvidos em cada aspecto da vida familiar. Outros pais estão ocupados e distantes das atividades da família. Coisas sutis, tais como quem paga a conta ou quem agenda os compromissos da família, dizem muito sobre os papéis familiares. Os filhos têm papéis dentro da família também. Conheço um lar em que os filhos são obrigados a colocar as meias e os sapatos no pai, porque ele é obeso e acha desconfortável ter de calçá-los. Como esse pai é cruel e áspero no modo como requer este serviço, os filhos estão sendo moldados fortemente sobre o seu lugar na vida familiar.

RESOLUÇÃO DE CONFLITO FAMILIAR

Qualquer pessoa que faz aconselhamento conjugal pode testemunhar do poder da influência familiar no modo como os problemas são resolvidos. A família sabe conversar sobre os problemas? Eles resolvem os problemas ou simplesmente se afastam? Os problemas são resolvidos através de princípios bíblicos ou por autoritarismo? Os membros da família usam sinais não verbais, como por exemplo, um buquê de rosas para resolver conflitos? Provérbios 12.15,16 diz: "O caminho do insensato aos seus próprios olhos parece reto, mas o sábio dá ouvidos aos conselhos. A ira do insensato num instante se conhece, mas o prudente oculta a afronta". A criança aprende a ser um tolo ou um sábio através da influência formativa do lar.

Sammy ficava com raiva e corria para fora da sala do jardim de infância quando não gostava do que estava acontecendo. O professor chamou seus pais para uma reunião. O pai de Sammy ficou frustrado com a reunião e saiu rapidamente da sala. O professor ganhou uma melhor compreensão do motivo pelo qual Sammy se comportava daquele modo.

COMO A FAMÍLIA REAGE AO FRACASSO

Outro ponto que se relaciona ao desenvolvimento da criança é como os pais lidam com os fracassos de seus filhos. A infância é cheia de desajeitadas tentativas e esforços fracassados. As crianças são imaturas e, ao aprenderem a dominar as habilidades de um mundo sofisticado, inevitavelmente cometem erros. A questão importante para nossos objetivos é como são tratados esses fracassos. Estas crianças são levadas a se sentirem tolas? Zomba-se delas por causa de seus fracassos? A família diverte-se às custas dos seus membros? Alguns pais demonstram uma habilidade maravilhosa ao verem tentativas fracassadas como esforços louváveis. Estes sempre encorajam e são adeptos da neutralização dos efeitos do fiasco. Tenha a criança aprendido o elogio confiável ou a crítica negativa ou, ainda, a mistura dessas duas coisas, isso será uma poderosa influência formativa em sua vida.

HISTÓRIA FAMILIAR

Há outra questão: cada família tem sua própria história. Alguns membros da família estão nascendo, enquanto outros estão morrendo. Há casamentos e divórcios. As famílias experimentam estabilidade ou instabilidade social. Há dinheiro suficiente ou não há. Alguns gozam de boa saúde, enquanto outros precisam estruturar suas vidas em torno de enfermidades. Algumas famílias têm raízes profundas na vizinhança, enquanto outras são continuamente desarraigadas.

Recentemente, gastei algum tempo em ajudar uma mulher a repassar os eventos de sua infância. Parte de nossa conversa foi assim:

– Quantas vezes você mudou de residência na infância?
– Muitas vezes.
– Cinco ou dez?
– Oh, não! Mais do que isso.
– Não mais do que vinte? Então, ela parou por alguns minutos, pensando e calculando.
– Muito mais do que vinte.

Mais tarde, contou-me que ela e sua irmã contaram quarenta e seis mudanças antes dos dezoito anos. Para ser exato, a história da família afetou profundamente os valores e perspectivas daquela mulher.

Esta breve lista é apenas sugestiva das circunstâncias que têm impacto sobre as nossas vidas. Os efeitos destas coisas sobre nós são inegáveis.

ERROS NA COMPREENSÃO DAS INFLUÊNCIAS FORMATIVAS

Há dois erros que ocorrem em relação às influências formativas da vida. O primeiro deles é ver tais influências de modo determinista. É o erro de presumir-se que a criança é vítima indefesa das circunstâncias em que cresceu. O segundo erro é a negação, ou seja, dizer que a criança não é afetada por sua experiência de infância. Passagens como Provérbios 29.21 ilustram a importância da experiência de infância. Lemos que o servo mimado desde jovem é afetado de tal modo que, mais tarde, traz desprazer.

Tanto a negação quanto o determinismo são incorretos. É necessário entender biblicamente estas influências formativas. Esta compreensão os ajudará em suas tarefas como pais.

Comete-se um grave erro ao se concluir que a criação de filhos nada mais é do que prover as melhores influências formativas para eles. Muitos pais cristãos adotam o "determinismo cristão". Eles concluem: "Se pudermos protegê-lo e abrigá-lo suficientemente bem, se pudermos ser sempre positivos com ele, se o enviarmos a escolas cristãs, se o educarmos em casa, se pudermos prover a melhor experiência de infância possível; então, nosso filho será uma ótima pessoa".

Estes pais têm a certeza de que um ambiente adequado produzirá uma criança adequada. Agem quase como se a criança fosse inerte. Este tipo de postura é simplesmente determinismo com roupagem cristã.

Tenho um amigo que é oleiro. Ele me disse que só pode criar o tipo de vaso que o barro com o qual trabalha lhe permite criar. O barro não é meramente passivo em suas mãos. O barro reage ao seu toque. Um tipo de barro é elástico e flexível; outro é quebradiço e duro de se trabalhar.

Sua observação fornece uma boa analogia: você precisa preocupar-se em prover as influências formativas mais estáveis, mas nunca deve supor que está apenas moldando barro passivo. O barro responde à moldagem; ele aceita ou rejeita ser moldado. Os filhos nunca são receptores passivos de moldagem. Antes, são reagentes ativos.

A reação de seu filho ou de sua filha demonstra se a vida dele ou dela está direcionada a Deus. Se seu filho conhece e ama a Deus, se considera que o conhecimento de Deus pode capacitá-lo a ter paz em qualquer circunstância, então responderá construtivamente aos seus esforços de moldagem. Se seu filho não conhece e não ama a Deus, mas tenta satisfazer sua sede em "cisternas rotas, que não retêm as águas" (Jeremias 2.13), ele pode rebelar-se contra seus melhores esforços. Você precisa fazer tudo o que Deus lhe chamou a fazer, mas o resultado é mais complexo do que somente saber se fez as coisas certas e do modo certo. Seus filhos são responsáveis pelo modo como reagem à sua criação.

O determinismo faz os pais concluírem que as boas influências formativas automaticamente produzirão bons filhos. Este conceito frequentemente produz fruto amargo, mais tarde, na vida. Os pais que têm um adolescente ou jovem indomável e problemático concluem que a causa foi as influências formativas que lhe proporcionaram. Acham que, se tivessem um lar um pouco mais estruturado, tudo teria saído bem. Esquecem-se de que a criança nunca é determinada exclusivamente pelas influências formativas da vida. Lembre-se: Provérbios 4.23 instrui que o coração é a fonte de onde emana a vida. O coração de seu filho determina como ele reage à sua maneira de criá-lo.

O Sr. e a Sra. Everett tinham um rebelde filho de quinze anos. Eles admitiam ter cometido muitos erros na criação do filho. Seus erros, porém, cegou-os ao ponto de não verem as necessidades dele. Quando viam seu filho; viam seus fracassos. Como resultado, nunca o notaram como um garoto que escolhia pecar. Falharam em detectar a culpa nas escolhas pecaminosas dele. Falharam em ver que ele escolhia não crer e não obedecer a Deus. Eles não tinham sido pais perfeitos. Isso era verdade. Seu filho, porém, não tinha sido um bom filho. Essa parte também era verdade.

A falha nesse tipo de visão não considera o fato de que os seres humanos são criaturas dirigidas pela orientação de seus corações. A criança não é inerte na infância. Seus filhos interagem com a vida. Isso nos leva ao nosso próximo capítulo e ao nosso próximo quadro.

APLICAÇÃO PRÁTICA

1. Quais têm sido algumas das influências formativas mais marcantes na vida de seu filho?
2. Qual é a estrutura de sua família? Como isso afeta seu filho ou sua filha?
3. O que seus filhos identificariam como valores da família? Quais são as coisas que mais importam para você?
4. Onde estão os segredos em seu lar? Você compartilha demais e, assim, sobrecarrega seus filhos com problemas grandes demais para eles? Você compartilha muito pouco e, deste modo, isola-os da vida e da dependência de Deus?
5. Quem é o chefe em seu lar? Existe uma autoridade centralizada, ou sua família toma decisões em reunião?
6. Quais são os padrões para a resolução de conflitos? Como estes padrões têm afetado cada um de seus filhos? É necessária alguma mudança? Que mudança?
7. O que constitui sucesso ou fracasso em seu lar?
8. Que eventos têm sido fundamentais na história de sua família? Como esses eventos os têm afetado? Como têm afetado seus filhos?
9. Você tende a ser determinista no modo como vê a criação de filhos? Consegue ver seus filhos como reagentes ativos sobre as influências formativas de suas vidas? Como você os vê reagindo?

Capítulo 3

O desenvolvimento do seu filho: Orientação em direção a Deus

Quando eu era um estudante universitário, tive minha primeira experiência na prática de velejar. Recordo-me de minha surpresa ao saber que a direção da embarcação não era orientada pelo vento, mas pela posição da vela. Em um sentido, a orientação voltada para Deus é como o posicionamento da vela de navegação na vida de uma criança. Sem importar quais sejam as influências da vida, é a direção da criança voltada para Deus que determina sua reação àquelas influências formativas.

Provérbios 9.7-10 contrasta a reação do homem zombador e do sábio quanto à repreensão e à instrução: "O que repreende o escarnecedor traz afronta sobre si; e o que censura o perverso a si mesmo se injuria. Não repreendas o escarnecedor, para que te não aborreça; repreende o sábio, e ele te amará. Dá instrução ao sábio, e ele se fará mais sábio ainda; ensina ao justo, e ele crescerá em prudência. O temor do SENHOR é o princípio da sabedoria, e o conhecimento do Santo é prudência". O versículo 10 nos ajuda a ver o que finalmente determina se uma criança responde como um homem zombador ou como um sábio. É o temor do Senhor que torna alguém sábio e é essa sabedoria que determina como ele responde à correção.

ORIENTAÇÃO EM DIREÇÃO A DEUS

O quadro abaixo representa a criança como um ser de aliança, um ser religioso. Uso essa expressão para lembrar-nos de que todos os seres humanos têm uma orientação em direção a Deus. Todos são essencialmente religiosos. As crianças são adoradoras; ou adoram a Jeová ou os ídolos. Elas não são neutras. Seus filhos filtram as experiências da vida através de uma peneira religiosa que lhes serve de referencial.

Fig 3 - Orientação em direção a Deus

Romanos 1.18,19 diz: "A ira de Deus se revela do céu contra toda impiedade e perversão dos homens que detêm a verdade pela injustiça; porquanto o que de Deus se pode conhecer ·é manifesto entre eles, porque Deus lhes manifestou". Todos os homens têm a revelação clara de Deus sobre a verdade, mas os pervertidos suprimem essa verdade por sua impiedade. Eles recusam-se a reconhecer e a se submeter às coisas que Deus tornou óbvias. Paulo prossegue dizendo que, apesar de conhecerem a Deus, não o glorificam, porém tornam-se fúteis em seu pensar e eventualmente adoram os ídolos.

Na linguagem de Romanos 1, seus filhos ou reagem a Deus pela fé ou suprimem a verdade pela injustiça. Se correspondem a Deus pela fé, encontram realização em conhecê-lo e servi-lo. Se suprimem a verdade pela injustiça, adoram e servem à criação em vez de ao Criador. Este é o sentido em que uso o termo orientação em direção a Deus.

DOIS CAMINHOS A ESCOLHER

O segmento esquerdo superior do quadro mostra uma pessoa que é um adorador do único Deus verdadeiro. A seta apontada em direção a Deus indica a orientação do seu coração: essa pessoa quer conhecer e servir a Deus cada vez mais. A seta apontada a partir de Deus indica que ele inicia e sustenta ativamente a atuação deste seu filho. A divisão esquerda inferior mostra uma pessoa envolvida em idolatria. Ela curva-se diante de coisas que não são Deus e não podem satisfazer.

Para ser preciso, uma criança pode não estar consciente de seu compromisso religioso, mas ela nunca é neutra. Feita à imagem de Deus, ela é criada com uma orientação à adoração. Mesmo sendo uma criança pequena, estará adorando e servindo a Deus ou os ídolos.

Davi nos lembra disso no Salmo 58.3: "Desviam-se os ímpios desde a sua concepção; nascem e já se desencaminham, proferindo mentiras". As palavras do Salmo 51.5 são ainda mais conhecidas: "Eu nasci na iniquidade, e em pecado me concebeu minha mãe". Estes versículos são muito instrutivos. Mesmo uma criança no ventre, ou uma recém-nascida, é obstinada e pecadora. Aprendemos que o homem se torna um pecador, porque ele é um pecador. Seus filhos nunca são moralmente neutros, nem mesmo no ventre materno.

Uma das justificativas para utilizar a vara nas crianças é que "a estultícia está ligada ao coração da criança, mas a vara da disciplina a afastará dela" (Provérbios 22.15). O ponto central deste provérbio é que alguma coisa está errada no coração da criança e requer correção. O remédio não é unicamente mudar a estrutura do lar, e sim tratar do coração.

O CORAÇÃO NÃO É NEUTRO

Visto não haver lugar para a neutralidade na infância, ou seus filhos adoram a Deus ou os ídolos. Estes ídolos não são pequenas estátuas; são os sutis ídolos do coração. A Bíblia usa terminologia como medo de homens, desejos maus, cobiça e orgulho. Os ídolos incluem a conformidade ao mundo, ter uma maneira de pensar terrena e apegar-se às coisas terrenas. O que temos em vista é um conjunto de motivações, desejos, vontades, propósitos, esperanças e expectativas que dominam o coração de uma criança. Lembre-se: estas coisas não precisam ser articuladas em palavras para estarem presentes.

Enquanto nossos filhos interagem com sua experiência de infância, o fazem a partir de uma orientação em direção a Deus. Ou eles reagem à vida como crianças de fé, que conhecem, amam e servem a Jeová ou reagem como crianças insensatas e incrédulas, que não o conhecem, nem o servem. A verdade é esta: eles reagem, não são neutros. Não são apenas a soma total daquilo que você e eu colocamos neles; nossos filhos interagem com a vida, seja a partir de uma aliança de fé, seja a partir de uma aliança idólatra de incredulidade.

A QUEM A CRIANÇA ADORARÁ?

É importante ser claro nesta questão. Criar filhos não é apenas prover bons estímulos. Criar filhos não é apenas criar uma atmosfera construtiva no lar e uma interação positiva entre o filho e seus pais. Há uma outra dimensão. A criança está interagindo com o Deus vivo. Está adorando, servindo e crescendo em entendimento das implicações de quem é Deus, ou está buscando sentido na vida sem um relacionamento com Deus.

Se está vivendo como um tolo e diz em seu coração: "Não há Deus", tal pessoa não deixa de ser uma adoradora, ela simplesmente adora o que não é Deus. Parte da tarefa dos pais é pastoreá-la como uma criatura que adora, mostrando-lhe o único que é digno de adoração. A questão não é: "ela vai adorar?" Mas sempre é: "a quem ela vai adorar?"

IMPLICAÇÕES DA CRIAÇÃO DE FILHOS

Esta questão difere este livro da maioria dos outros livros que falam a respeito de criação de filhos. A maioria dos livros sobre este assunto são escritos para ajudá-lo a cumprir melhor a tarefa de fornecer influências formativas construtivas para seu filho. Todas as dicas e ideias criativas voltam-se a produzir as melhores influências formativas, as mais consistentes biblicamente, na esperança de que as crianças respondam a elas e sejam boas pessoas. Não estou somente expondo algumas ideias a respeito de estruturas bíblicas para a vida, mas também abordagens sobre como pastorear a criança alcançando seu coração.

Lembre-se de Provérbios 4.23. A vida flui do coração. Criar filhos não deve ser uma preocupação apenas com influências formativas, mas deve envolver pastorear o coração. A vida transborda do coração.

Estou interessado em ajudar os pais a enfrentarem um combate corpo a corpo no menor campo de batalha do mundo — o coração da criança. Você precisa envolver seus filhos como criaturas feitas à imagem de Deus. Eles só podem encontrar plena realização e felicidade ao conhecerem e servirem o Deus vivo.

A tarefa de criar filhos que você empreende está sempre ocupada com ambas as questões descritas nestes quadros. Você quer prover as melhores influências formativas possíveis para seus filhos. Deseja que a estrutura de seu lar ofereça a estabilidade e segurança que eles necessitam. Almeja que a qualidade de relacionamentos em seu lar reflita a graça e a misericórdia de Deus pelos pecadores que fracassam, o que demonstra o caráter de Deus. Você quer que as punições sejam medidas tomadas com a finalidade de refletirem a visão de um Deus santo a respeito do pecado, e que os valores em seu lar sejam fundamentados nas Escrituras. Você deseja controlar o fluxo dos eventos de modo que nunca tornem um lar caótico, e sim bem estruturado. Você quer oferecer uma atmosfera saudável e construtiva para suas crianças.

Após tudo ser dito e feito, estas coisas, importantes como são, nunca constituirão a história completa. Seu filho não é apenas um produto destas influências formativas. Ele interage com todas estas coisas. Interage de acordo com a natureza de escolhas pactuais que está fazendo. Ou reage à bondade e à misericórdia de Deus pela fé, ou reage com incredulidade. Ou ele passa a amar e confiar ainda mais no Deus vivo, ou se volta cada vez mais para várias formas de idolatria e autoconfiança. A questão não é apenas a natureza das influências formativas de sua vida, mas como ele tem reagido a Deus no contexto destas influências formativas.

Visto que a orientação em direção a Deus no coração do seu filho determina sua resposta à vida, você nunca poderá concluir que os problemas dele são apenas uma falta de maturidade. O egoísmo e a rebelião contra a autoridade não são fases passageiras. Estas coisas não são temporárias, visto que não refletem a imaturidade, mas, sim, a idolatria do coração de seu filho.

Um adolescente, chamado Alberto, era um filho mentiroso. Ele agia mal na ausência de seu pai. Mentia até quando não era vantajoso. Frequentemente roubava dinheiro dos pais. Seu pai insistia em interpretar seu comportamento como imaturidade. O pai estava correto sobre a imaturidade de Alberto. Ele era imaturo, mas não era essa a razão pela qual tornara-se uma pessoa em quem não se podia confiar. A razão pela qual não se podia confiar nele é porque era um pecador. Alberto estava tentando achar sentido para sua vida sem Deus. Na idolatria de sua rebelião contra a autoridade de Deus e na sua determinação de ser sua própria autoridade, se tornara alguém em quem não se podia confiar. O pai de Alberto achava-se incapaz de ajudar seu filho até começar a ver o comportamento de Alberto como reflexo de um coração que se desviara de Deus.

A IMPORTÂNCIA DA ORIENTAÇÃO EM DIREÇÃO A DEUS

Incidentes bíblicos mostram que as influências formativas não constituem a história completa da formação da criança. Pensemos em José. A sua experiência de infância foi longe do ideal. Sua mãe falecera enquanto ele era jovem. Ele era o favorito do pai. Seus sonhos inflamaram o ódio de seus irmãos. Depois, foi alienado deles por causa de um presente, uma veste dada por seu pai, que o distinguiu como autoridade sobre eles. Seus irmãos o traíram. Foi jogado em um poço. Comerciantes de escravos oportunistas o compraram para lucrar com o seu valor de revenda. Foi traído na casa de Potifar, apesar de sua honra e integridade. Foi preso. Até mesmo na prisão, foi abandonado por aqueles a quem ajudou. Eis um homem que poderia ter sido amargo, cínico, ressentido e irascível. Se o homem fosse apenas a soma total das influências que o moldam, esse teria sido o resultado. Em vez disso, o que encontramos? Quando seus irmãos se prostraram, pedindo misericórdia, José lhes disse: "Não temais; acaso estou eu em lugar de Deus? Vós, na verdade, intentastes o mal contra mim; porém Deus o tornou em bem, para fazer, como vedes agora, que se conserve muita gente em vida. Não temais, pois; eu vos sustentarei a vós outros e a vossos filhos. Assim, os consolou e lhes falou ao coração" (Gênesis 50.19-21).

Como explicamos a reação de José? Em meio a influências formativas difíceis, ele entregou-se a Deus, que o transformou em um homem que reagia a partir de um relacionamento vivo com Deus. José amava a Deus e encontrou sua orientação, não nas influências formativas de sua vida, mas no amor infalível e nas misericórdias da aliança com Deus.

E a serva da mulher de Naamã? Soldados inimigos a arrancaram de seu lar e a tornaram uma serva do soldado arameu. Ela era parte de um espólio de guerra. As influências formativas em sua vida ficaram longe de ser ideais; entretanto, ela era fiel a Jeová. Quando seu dono precisou de cura, esta jovem conhecia o poder de Deus e sabia onde encontrar o profeta, em Israel. O rei de Israel não conhecia o profeta, nem possuía uma profunda fé no poder de Deus. O rei enfrentou a emergência com temor e incredulidade (ver 2 Reis 5.6,7). Porque aquela menina agiu de modo diferente? É óbvio: há mais do que influências formativas moldando o caráter de uma pessoa. Eis uma menina em quem foi incutida uma fé em Jeová, a qual ela guardou, apesar das difíceis circunstâncias em que foi criada.

RESUMO

Resumindo, existem dois critérios que orientam a formação do tipo de pessoas que seus filhos se tornarão: (1) as influências formativas da vida e (2) sua orientação em direção a Deus. Portanto, a criação de seus filhos deve se dirigir a ambas estas questões. Preocupe-se em como estruturar as influências formativas da vida, sob seu controle (muitas circunstâncias estão além de nosso controle, como, por exemplo, a morte). Em segundo lugar, pastoreie ativamente o coração de seus filhos, dando-lhes orientação em direção a Deus. Em tudo isto, você precisa orar, pedindo que Deus trabalhe em e ao redor de seus esforços e das reações de seus filhos, a fim de torná-los pessoas que conheçam e honrem a Deus.

As figuras 2 e 3 e os respectivos textos, neste capítulo, visam fornecer direção e orientação, na medida em que você, pai ou mãe, procura entender sua tarefa. Juntamente com sua preocupação com as influências formativas bíblicas, você precisa pastorear os corações de seus filhos em direção ao conhecimento e ao serviço de Deus.

No próximo capítulo, examinaremos as questões fundamentais a respeito da criação de filhos. Qual o significado dos pais funcionarem como agentes de Deus? Qual é a natureza de sua tarefa? Qual é a função da disciplina e da correção?

APLICAÇÃO PRÁTICA

1. Você tende a ser determinista no modo como vê a criação de filhos? Você é capaz de perceber que seus filhos são reagentes ativos nas influências formativas em suas vidas? Como você os vê reagir?
2. O que você pensa sobre a orientação de seus filhos em direção a Deus? Suas vidas e reações são organizadas em torno de Deus como Pai, Pastor, Senhor, Soberano e Rei? Ou você os vê vivendo por algum tipo de prazer, aprovação, aceitação ou algum falso deus?
3. Como você pode criar maneiras agradáveis e atraentes de contestar a idolatria que pode ser identificada no coração de seus filhos?
4. Como você pode focalizar sua correção com mais profundidade no sentido de orientar em direção a Deus? Como você pode ajudar seu filho a ver que ele está investindo em coisas que não podem satisfazê-lo?
5. Você e seu cônjuge separam tempo para orar a Deus, a fim de que ele se revele aos seus filhos? Afinal, Deus é poderoso para fazer qualquer obra nos corações deles.

Capítulo 4

Você está no comando

Os garotos estavam no depósito, trabalhando no carrinho de rolimã. Nossa filha saiu, a fim de chamá-los para virem jantar:

– Vocês dois têm de entrar, se lavar e ficar prontos para o jantar. Agora mesmo! – ela anunciou autoritariamente.
– Os meninos estão vindo? – minha esposa perguntou quando minha filha voltou para a casa sozinha.
– Eu os chamei. – disse ela, com um olhar que a traía.

Por que os garotos não tinham vindo? Porque foi sua irmã quem os chamou e eles não obedeceriam sob sua autoridade.

Ela voltou ao depósito com a mesma mensagem e acrescentou duas palavras poderosas: "Mamãe disse..."

Nossa filha não tinha autoridade para mandar os garotos para dentro de casa. Porém, na segunda vez, quando ela chamou os garotos, chamou-os como agente de sua mãe. Eles sabiam que estava na hora de vir.

CONFUSÃO E AUTORIDADE

Nossa cultura não gosta de autoridade. Não é apenas que não gostamos de estar sob autoridade; mas também não nos agrada sermos autoridades. O nosso desconforto ante a autoridade exercida no lar é uma das situações onde isto é observado mais claramente.

Precisamos de uma compreensão bíblica a respeito de autoridade. Dúvidas nos invadem. Qual é a natureza da autoridade do pai ou da mãe sobre seu filho? Ela é absoluta ou relativa? A autoridade é investida sobre o pai ou a mãe em virtude da diferença de tamanho entre os pais e os filhos? Fomos investidos de controle por sermos mais inteligentes e mais experientes? Deus nos chamou a orientá-los por que não somos pecadores e eles o são? Temos o direito de mandar nossos filhos fazerem qualquer coisa que queiramos que façam?

Se não responder a perguntas como estas, você será imaturo e inseguro ao cumprir seu dever para com Deus e para com os seus filhos. Se você está incerto a respeito da natureza e extensão de sua autoridade, seus filhos sofrerão grandemente. Eles jamais saberão o que esperar de você, visto que as regras estarão sempre mudando. Nunca aprenderão as normas e princípios da Palavra de Deus, a única fonte de sabedoria.

Os pais, em nossa cultura, com frequência improvisam por não entenderem a ordem bíblica de pastorear os filhos. Os objetivos da criação de filhos sempre são mais nobres do que o conforto e a conveniência imediatos. Quando os pais exigem obediência por sentirem-se sob pressão, a obediência dos filhos é reduzida a uma conveniência para o pai ou mãe. Os pais cristãos devem ter uma clara compreensão de uma sadia e santa criação de filhos, e estes devem ser treinados no sentido de saberem que Deus sempre os chama à obediência.

CHAMADO PARA ESTAR NO COMANDO

Como pai ou mãe, você possui autoridade porque Deus o chama para ser autoridade sobre a vida de seu filho. Você tem autoridade para agir em nome de Deus. Como um pai ou uma mãe, você não exerce comando sob a sua jurisdição, mas sob a de Deus. Você atua sob o comando dele. Você cumpre um dever que lhe foi dado por ele. Você não pode tentar moldar as vidas de seus filhos como lhe agrada, e sim como agrada a Deus.

Tudo o que você faz, em sua tarefa como pai ou mãe, deve ser feito deste ponto de vista. Você deve empreender toda a sua instrução, seu cuidado e cultivo, sua correção e disciplina porque Deus o chamou para esta finalidade. Você age com a convicção de que ele o encarregou para agir em seu lugar. Em Gênesis 18.19, Jeová diz: "Porque eu o escolhi [Abraão] para que ordene a seus filhos e a sua casa depois dele, a fim de que guardem o caminho do Senhor e pratiquem a justiça e o juízo". Abraão está sob a lista de afazeres de Deus. Está realizando uma tarefa da agenda de Deus, que o chamou para essa tarefa. Ele não é *freelancer*; não escreve sua própria descrição de funções. Deus define a tarefa. Abraão age em lugar de Deus.

Deuteronômio 6 acentua esta visão de responsabilidade do pai e da mãe. No versículo 2, Deus diz que seu objetivo é que Israel, seus filhos e netos temam ao Senhor, guardando os seus decretos. As pessoas através de quem são passados os decretos de Deus são o pai e a mãe, a quem Deus chama para treinar seus filhos, ao sentarem-se em casa, ao caminharem na estrada, ao deitarem-se e ao levantarem-se. Deus tem um objetivo. Ele deseja que uma geração siga a outra nos caminhos dele. Deus cumpre este objetivo através de agentes, ou seja, da instrução dos pais aos filhos.

Efésios 6.4 ordena aos pais a conduzir os filhos no treinamento e na instrução do Senhor. Isto não é simplesmente uma ordem para treinar e instruir. É uma ordem para oferecer o treinamento e a instrução do Senhor, a fim de funcionar em lugar de Deus.

Entender este simples princípio, capacita-o a pensar claramente sobre sua tarefa. Se você é o agente de Deus nesta tarefa de fornecer treinamento essencial e instrução no Senhor, então você também é uma pessoa sob autoridade. Seu filho e você estão no mesmo barco. Vocês dois estão debaixo da autoridade de Deus. Vocês têm papéis diferentes, mas o Mestre é o mesmo.

Se permitir à ira pecaminosa enlamear o processo de correção, você está errado. Precisa pedir perdão. Seu direito de disciplinar seus filhos está ligado ao que Deus o chamou a executar, não à sua própria agenda.

VOCÊ TAMBÉM É CHAMADO À OBEDIÊNCIA

Você não se aproxima de seu filho através de exigências para seus próprios fins, tendo o propósito de que ele se subjugue a você e obedeça. Não! Você vem com as correções de disciplina que são o caminho da vida (Provérbios 6.23). Você, em lugar de Deus, leva seu filho a obedecer, porque antes Deus já o comissionou à obediência.

Recordo-me de muitas conversas assim:

– Você não obedeceu ao papai, não é?
– Não.
– Lembra-se do que Deus diz que o papai precisa fazer, se você desobedecer?
– Bater em mim?
– Isso mesmo. Eu preciso bater em você. Se eu não o fizer, então estarei desobedecendo a Deus. Você e eu estaríamos ambos errados. Isso não seria bom nem para você, nem para mim; seria?
– Não. – uma resposta relutante.

O que este diálogo está comunicando a seu filho? Você não está batendo nele porque você é mau. Não o está forçando a submeter-se a você somente por detestar a insolência. Não está com raiva dele. Você, tanto quanto ele, está sob a lei e autoridade divina. Deus o chamou a uma tarefa da qual você não pode fugir; portanto, está atuando sob a lei de Deus. Está exigindo obediência, porque Deus diz que tem de fazê-lo.

CONFIANÇA PARA AGIR

Neste ponto, há uma tremenda liberdade para os pais. Quando dirige, corrige ou disciplina, você não está agindo por sua própria vontade; está agindo em lugar de Deus. Não tem de pensar se é correto assumir o comando. Você, com certeza, não necessita da permissão de seu filho. Deus lhe deu um dever a cumprir; por isso o endosso de seu filho não é necessário.

MANDATO PARA AGIR

Entender que você é o agente de Deus, como pai ou mãe, diz respeito não apenas ao direito de agir. Esse agenciar fornece também o mandato para agir. Não há escolha: você tem de governar seus filhos. Você está agindo em obediência a Deus. Esse é o seu dever.

Para ilustrar: no estado da Pensilvânia, onde moro, a lei requer que as escolas denunciem qualquer caso de suspeita de abuso ou excesso de disciplina contra uma criança. Esta lei não prevê simplesmente o direito de relatar o abuso. Ela exige que o abuso seja relatado. O diretor da escola não tem o direito à discrição, a fim de decidir se vai ou não relatar o abuso à criança. A lei exige o relato. Da mesma forma, o fato de você ser chamado por Deus a ser uma autoridade no treinamento de seus filhos não lhe dá apenas o direito, mas também a responsabilidade de treinar.

Como um administrador de escola, observo que a maioria dos pais não entende o quanto é próprio e necessário estar no controle da vida de seu filho. Em vez disso, os pais assumem o papel de conselheiro. Poucos estão desejosos a dizer, por exemplo: "Preparei aveia para o seu café da manhã. É alimento bom e nutritivo, quero que você coma. Em um outro dia, vamos ter algo que você gosta mais". Muitos estão dizendo: "O que você quer para o café da manhã? Você não quer a aveia que eu preparei, você quer outra coisa?" Isso soa muito bondoso e bem-educado, mas o que realmente está acontecendo? A criança está aprendendo que ela é quem realmente decide. O pai ou a mãe apenas sugerem as opções.

O cenário se repete na experiência de crianças pequenas na escolha da roupa, horário, escolhas sociais, tempo de lazer e assim por diante. Quando a criança chegar aos seis, oito ou dez anos de idade, será dona de si mesma. Na idade de treze anos, ela estará fora de controle. Os pais podem adular, pedir, suplicar (frustrados e irados), gritar e ameaçar, mas a criança é seu próprio senhor. O pai ou a mãe, já há muito tempo, desistiram da prerrogativa da tomada de decisão na vida da criança. Como isso aconteceu? Infiltrou-se na idade muito tenra da criança, quando o pai ou a mãe tornavam cada decisão uma variedade de escolhas para a criança decidir.

Alguns podem argumentar: "As crianças só aprendem a tomar decisões, se os pais lhes permitirem tomá-las. Queremos que as crianças aprendam a tomar decisões saudáveis". Isto deixa de lado a questão mais importante. Elas farão boas decisões, se observarem pais fiéis em modelar e em instruir, em seu benefício, através de sábia orientação e decisão.

Até mesmo ao tomar uma decisão, a importância primária é as crianças estarem debaixo de autoridade. Ensine a seus filhos que Deus os ama tanto, ao ponto de dar-lhes pais, a fim de que estes sejam autoridades amáveis, cujo propósito é ensiná-los e guiá-los. As crianças aprendem com vocês a tomarem decisões sábias.

Os pais precisam estar dispostos a estarem no comando. Você deve comandar de um modo benevolente e gracioso; porém, precisa ser autoridade sobre seus filhos.

DEFININDO A CRIAÇÃO DE FILHOS

Reconhecer que Deus o chamou para funcionar como agente dele define a sua tarefa como pai ou mãe. Nossa cultura reduziu a criação de filhos ao cuidar. Os pais frequentemente veem a tarefa reduzida a estes termos. A criança precisa de alimento, roupas, cama e um certo tempo de qualidade no relacionamento com os pais. Em forte contraste com este ponto de vista enfraquecido, Deus o chamou a uma tarefa mais profunda do que ser alguém que cuida. Você pastoreia seu filho em obediência a Deus. A tarefa que Deus lhe deu não é do tipo que pode ser agendada convenientemente. Ela é uma tarefa intensiva. O treinamento e o pastoreio acontecem sempre que você está com seus filhos. Ao acordar, andar, conversar ou descansar, você precisa estar envolvido em ajudar seu filho a entender a vida, a si mesmo e as suas necessidades a partir da perspectiva bíblica (Deuteronômio 6.6,7).

Ao engajar-se no pastoreio de seus filhos, você precisa ter intimidade no relacionamento. Você tem de entender como seus filhos agem e reagem. Se você tiver de orientá-los no caminho do Senhor, assim como Gênesis 18 ordena, precisará conhecê-los em suas inclinações. Esta tarefa requer mais do que simplesmente prover alimento, roupa e teto adequados.

OBJETIVOS CLAROS

É instrutivo perguntar aos pais que concretos objetivos de treinamento têm para seus filhos. A maioria dos pais não pode prover, com rapidez, uma lista contendo os pontos fortes e fracos de seus filhos. Também não conseguem expressar o que estão fazendo, para fortalecer seu filho em seus pontos fracos ou estimular seus pontos fortes. Muitos pais e mães não sentam juntos, a fim de discutir seus objetivos, em longo ou curto prazo, para seus filhos. Não desenvolvem estratégias para a criação de seus filhos. Não sabem o que Deus diz sobre os filhos e o que ele requer deles. Pouco se pensou em métodos e abordagens que enfatizem a correção das atitudes do coração, e não apenas do comportamento. Infelizmente, a maior parte da orientação ocorre como um subproduto de situações nas quais os filhos envergonham ou irritam os pais.

Por que é esta a situação? Nossa ideia de criar os filhos não inclui o pastorear. Nossa cultura vê o pai ou a mãe como um adulto provedor de cuidado. A qualidade de tempo é vista como diversão em conjunto. Divertirem-se juntos não é uma má ideia, mas está a anos-luz de direcionar seu filho nos caminhos de Deus.

Ao contrário disto, Gênesis 18 convoca os pais a direcionarem seus filhos em guardar o caminho do Senhor, praticando o que é certo e justo. Ser um pai ou uma mãe significa trabalhar para Deus, orientando os filhos em direção a ele. Os pais têm esta responsabilidade; o exercício desta função envolve conhecer os filhos e ajudá-los a entender o padrão de Deus para o comportamento deles. Significa ensiná-los que são pecadores por natureza. Inclui apontar-lhes a misericórdia e a graça de Deus, demonstradas na vida e morte de Cristo em favor dos pecadores.

HUMILDADE NA TAREFA

Entender nossa função de agentes de Deus pode manter-nos focalizados com precisão e humildes na tarefa que temos como pais. Saber que corrigimos nossos filhos em obediência à ordem de Deus nos torna sóbrios. Você se põe diante dele como agente de Deus para mostrar-lhe o pecado cometido por ele. Tal como um embaixador é consciente de atuar em nome de seu país que o enviou, assim o pai e a mãe precisam ser conscientes de que são representantes de Deus para a criança. Não conheço outra conscientização que torne um pai, ou uma mãe, mais sóbrio e humilde.

Em muitas ocasiões, tive de pedir perdão a meus filhos por minha ira ou reação pecaminosa. Tive de dizer: "Filho, pequei contra você. Falei com ira pecaminosa. Disse coisas que não deveria ter dito. Estava errado. Deus deu-me uma tarefa sagrada, e eu trouxe minha ira pecaminosa a esta sagrada missão. Por favor, perdoe-me".

O foco de sua orientação pode ser aclarado pela compreensão de que a disciplina não é agir com base em sua agenda ou vontade, derramando sua ira contra seus filhos; educar é agir como representante de Deus, trazendo as repreensões da vida a seu filho ou sua filha. Você somente turva as águas, quando a base da disciplina é o seu desprazer em relação ao comportamento deles, em vez de alicerçar-se no desprazer de Deus para com a rebelião contra a autoridade estabelecida por ele.

NÃO HÁ LUGAR PARA A IRA

Falei a inúmeros pais que genuinamente achavam que sua ira tinha um lugar legítimo na correção e na disciplina. Eles raciocinavam que poderiam trazer seus filhos a um temor sóbrio de desobedecer, somente se lhes mostrassem ira. Dessa forma, a disciplina torna-se uma ocasião em que a mãe e o pai manipulam seus filhos por meio de explosão de ira. Através disso, a criança aprende o temor do homem e não o temor de Deus.

Tiago 1.19, 20 demonstra a falsidade da ideia de que os pais deveriam enfatizar a correção com ira pessoal: "Sabeis estas cousas, meus amados irmãos. Todo homem, pois, seja pronto para ouvir, tardio para falar, tardio para se irar. Porque a ira do homem não produz a justiça de Deus".

O apóstolo Tiago não poderia ser mais claro. A vida reta que Deus deseja nunca é o produto de ira incontrolada. A ira humana pode ensinar seus filhos a temerem-no. Podem até mostrar um melhor comportamento, mas isso não trará retidão bíblica.

Qualquer mudança no comportamento que é produzida pela ira pecaminosa não levará seus filhos a Deus. Ela os levará a afastarem-se de Deus, os conduzirá em direção à idolatria de temer o homem. Não é de se admirar que Tiago enfatize, dizendo: "Sabeis estas cousas, meus amados irmãos..."

Se você corrige e disciplina seus filhos porque Deus ordena, então é necessário não confundir sua tarefa com sua ira. A correção não é mostrar ira pela ofensa deles; é lembrá-los de que seu comportamento pecaminoso ofende a Deus. A correção é demonstrar a censura de Deus contra o pecado, em especial nos assuntos que lhe dizem respeito. Deus é o rei; portanto, os filhos devem obedecê-lo.

BENEFÍCIOS PARA A CRIANÇA

O pai dirige-se ao filho em nome e pela vontade de Deus. Como pais, vocês podem ensinar seu filho a receber a correção, porque este é o meio provido por Deus. A criança aprende a receber a correção, não porque os pais sempre estão corretos, mas porque Deus diz que a vara de correção transmite a sabedoria, e qualquer pessoa que atende à correção mostra prudência (Provérbios 15.5; 29.15).

A criança que aceita estas verdades aprenderá a aceitar a correção. Tenho sido quebrantado e surpreendido ao ver meus filhos aceitando a correção, no final de sua adolescência e nos primeiros anos da vida adulta, não porque lhes dei orientação da melhor maneira que existe, mas porque foram persuadidos de que "o que rejeita a disciplina menospreza a sua alma, porém o que atende à repreensão adquire entendimento" (Provérbios 15.32). Eles entendem que seu pai é o agente designado e usado por Deus no papel de autoridade para orientá-los nos caminhos dele. Portanto, embora eu não seja um instrumento infalível na obra de Deus, eles sabem que receber a correção lhes trará entendimento.

RESUMO

Discernir estas questões pode lhe dar força e coragem enquanto realiza a tarefa para a qual Deus o chamou. Você é a autoridade sobre seu filho, porque Deus lhe chamou para orientá-lo (Gênesis 18.19). Você o orienta sob a autoridade de Deus. Seu direito de estar no comando é derivado da autoridade divina. Você não precisa ser indeciso ou ditatorial. Você é o agente de Deus, com o objetivo de mostrar o caminho dele a seu filho; é o agente de Deus para ajudar seu filho a entender a si mesmo como uma criatura, inserida no mundo criado por Deus; é o agente de Deus para mostrar que seu filho necessita da graça e do perdão divinos. Você depende de Deus para dar-lhe força e sabedoria para esta tarefa.

O pensamento claro sobre a função de disciplinar ilustra a importância de ver a si mesmo como agente de Deus, chamado por ele para estar no comando.

Disciplina: corretiva, não punitiva

Se a correção centralizar-se no pai (ou na mãe) que foi ofendido, então o foco será expandir a ira ou, talvez, vingar-se; a função é punitiva. Se, porém, a correção centralizar-se em Deus como o ofendido, o foco é a restauração; a função é restauradora. Destina-se a levar a criança que desobedeceu a Deus de volta ao caminho da obediência; é corretiva.

Disciplina: uma expressão de amor

No intervalo para café, em uma conferência para pastores, ouvi alguém conversar. Eram pais falando a respeito de seus filhos e não resisti em ouvir.

"Sou muito duro com eles", comentou o primeiro, "eu os disciplino o tempo todo. Eu realmente preciso; minha mulher os ama demais para discipliná-los".

"Acho que você e sua esposa precisam estabelecer um equilíbrio", observou o outro.

"Sim", continuou o primeiro, refletindo, "nós precisamos de algum equilíbrio entre a disciplina e o amor".

Quase me engasguei com o pastel que estava comendo! Equilibrar a disciplina e o amor? Pensei em Provérbios 3.12: "Porque o Senhor repreende a quem ama, assim como o pai, ao filho a quem quer bem". Então, Provérbios 13.24 veio rápido à minha mente: "O que retém a vara aborrece a seu filho, mas o que o ama, cedo, o disciplina"; e, ainda, Apocalipse 3.19: "Eu repreendo e disciplino a quantos amo". Como é possível equilibrar a disciplina e o amor? Disciplina é uma expressão de amor.

A conversa que escutei não é incomum. Muitos pais carecem de uma visão bíblica de disciplina. Eles têm a tendência de ver a disciplina como vingança — vingar-se dos filhos pelo que fizeram. Hebreus 12 torna claro que a disciplina não é punitiva, mas corretiva. Hebreus 12 considera a disciplina como uma palavra de encorajamento e a dirige aos filhos. Aquele livro diz que a disciplina é um sinal da identificação de Deus conosco, como nosso Pai. Deus nos disciplina para o nosso bem, para que tenhamos parte em sua santidade. Ele diz que, embora a disciplina não seja agradável, mas dolorosa, ela produz uma colheita de frutos de justiça e paz. Em vez de ser algo para se equilibrar com o amor, ela é a mais profunda expressão do amor.

Deus fornece a compreensão sobre o que é a disciplina. Sua função não é principalmente punitiva; é corretiva. O principal motivo da disciplina não é vingar-se, mas corrigir. Ao disciplinar biblicamente uma criança, seus pais estão se recusando a tornarem-se cúmplices voluntários na morte de seu filho (Provérbios 19.18).

O que torna esta ideia tão difícil de entender? É difícil por causa do que discutimos acima. Não nos vemos como agentes de Deus. Portanto, corrigimos nossos filhos, quando eles nos irritam. Quando seu comportamento não nos irrita, não os orientamos. Assim, nossa correção não visa resgatar nossos filhos do caminho do perigo, mas, antes, exibir nossa frustração. Isso é como se disséssemos: "Estou cheio de você. Você está me deixando irado. Vou massacrá-

-lo; vou deixá-lo de castigo, sentado em uma cadeira, isolado da família, até você perceber o que fez de errado".

O que acabei de descrever não é disciplina; é punição. É uma revoltante afronta a uma criança. Em vez de produzir uma colheita de frutos de justiça e paz, este tipo de tratamento deixa a criança irritada e irada. É de se admirar que a criança resista à vontade de alguém que se lança contra ela, por ter sido uma fonte de irritação?

Disciplina como instrução positiva, em vez de punição negativa, não exclui as consequências ou os resultados do comportamento. As consequências e o resultado do comportamento são, certamente, parte do processo que Deus usa para corrigir seu povo. A Bíblia ilustra o poder de consequências apropriadas, a fim de mostrar a bênção da obediência e a destruição que advém do pecado e da desobediência. Mais adiante, veremos um pouco mais sobre isto.

Embora seja verdade que crianças disciplinadas são uma alegria para seus pais (Provérbios 23.15,16,24), como agentes divinos, vocês não podem disciplinar por simples questões de interesse próprio ou conveniência pessoal. Sua correção deve estar ligada aos princípios absolutos da Palavra de Deus. As questões da disciplina consistem no desenvolvimento do caráter e da honra a Deus. E o inegociável padrão de Deus que nos impele à correção e à disciplina.

Seu objetivo na disciplina é mover-se em direção a seus filhos, e não contra eles. Você se move em direção a eles com as objeções e as solicitações da vida. A disciplina tem um objetivo corretivo; é terapêutica, não penal. Ela se destina a produzir crescimento, não dor.

Há outras questões na educação dos filhos que devemos observar. Você precisa entender cada vez mais o que significa funcionar como agente de Deus. Necessita preocupar-se com algo mais do que com a natureza da disciplina. Os pais devem ser orientados por objetivos. No próximo capítulo, explanaremos a questão dos objetivos na criação dos filhos. Quais são os objetivos bíblicos para a educação dos filhos? Quais são as coisas que nossa cultura nos deu e que precisam ser avaliadas e estudadas?

APLICAÇÃO PRÁTICA

1. Qual você pensa ser a natureza de sua autoridade como pai (ou mãe)? Como isso se encaixa com a visão bíblica?
2. Com que frequência a correção que você exerce em seus filhos acaba em uma competição interpessoal, em vez de destacar a autoridade de Deus sobre seus filhos?
3. Que coisas você pode fazer para manter sua disciplina focalizada em trazer seus filhos aos caminhos de vida?
4. Como você apresenta sua autoridade a seus filhos? Você se vê, às vezes, dizendo coisas como: "Eu sou seu pai (ou sua mãe), enquanto você viver aqui vai ter de me ouvir"?
5. Como você descreveria sua tarefa de disciplinar como agente de Deus? Como o ver-se como agente de Deus mudará sua maneira de disciplinar?
6. Você gostaria de gastar algum tempo e analisar o seguinte com relação à educação de seus filhos: objetivos

de treinamento, listas de pontos fracos e fortes, objetivos em curto e em longo prazo, estratégias para a criação dos filhos?

Capítulo 5

Examinando seus propósitos

Era um claro, refrescante e estimulante dia de outono. Apesar da leve chuva, era festivo — um típico dia de festa, no oeste da Pensilvânia. A banda tocava. Todos os grupos, desde os "Futuros Agricultores da América" até os "Veteranos das Guerras Estrangeiras", marchavam no desfile. Debaixo de nosso guarda-chuva, estávamos com frio, mas como se poderia abandonar uma diversão tão tradicional? Na ponta final do desfile, havia uma tropa de pequenas balizas, na idade de três a cinco anos. Uma, que estava entre as últimas, chamou minha atenção. Ela parecia ter menos de três anos de idade. Sua fantasia mínima a deixava exposta à chuva e ao frio. Ela chorava e, enquanto a tropa marchava na chuva fina, ela quebrava o alinhamento e corria para sua mãe. Sua mãe a empurrava continuamente de volta para o seu lugar, no desfile. Nunca esquecerei do senso de desespero e confusão nos olhos daquela pequena menina, enquanto passava por nós, marchando e soluçando.

A atitude desta mãe implicava em alguns objetivos de educação. Podemos concluir que ela queria que sua filha se tornasse bonita e solicitada. Ela sabia que não se pode começar cedo demais a preparar um filho, a fim de atender aos seus sonhos de infância. Isto era importante para a mamãe. Não é necessária muita imaginação para avaliar a agenda daquela mãe ou pensar como essa garota passou sua infância.

Não conheço a mãe em questão. Não tenho certeza de seus objetivos específicos ou o quanto ela tinha consciência das coisas que a levaram a fazer sacrifícios, correr ao lado da tropa, curvando-se, suplicando à sua filha que segurasse corretamente o bastão e se mantivesse na linha do desfile. Porém, estou certo disto: ela tinha objetivos para sua filha. Todos nós temos. Há objetivos que dirigem nossas escolhas, enquanto criamos nossos filhos. Algumas pessoas conseguem articular seus objetivos; outras podem ser inferidas através das escolhas feitas pelos pais.

OBJETIVOS NÃO BÍBLICOS

Os pais querem que os filhos tenham sucesso para que possam "sair-se bem" e viverem vidas felizes e confortáveis. Este desejo por sucesso tem uma forma e uma definição diferente para pessoas diferentes, mas todos os pais querem filhos bem-sucedidos e felizes. Queremos que eles tenham vidas adultas cheias de oportunidade e livre de problemas. Seja qual for a nossa definição de sucesso, desejamos sucesso para nossos filhos. Estamos bem conscientes de que a forma como são criados tem muito a ver com o sucesso futuro.

Existem muitas maneiras utilizadas pelos pais, a fim de conseguir atingir este sucesso. Ajudar pais a produzirem filhos bem-sucedidos é uma indústria crescente. Centenas de livros apontam o caminho do sucesso. Programas são desenvolvidos e lançados no mercado. Especialistas em psicologia, teologia, educação, atletismo e motivação já se desgastaram e às suas audiências. Vejamos várias formas de preparo dos filhos, para que sejam bem-sucedidos.

DESENVOLVENDO HABILIDADES ESPECIAIS

Alguns pais envolvem seus filhos em uma infindável lista de atividades. Eles os empurram para o judô, futebol, polo-aquático, ginástica, natação, aulas de dança e de piano. Estas habilidades não são más e podem ter seu lugar na vida dos filhos. Mas, avalia-se um pai pelo número de atividades oferecidas ao filho? Avalia-se um filho pelo número de habilidades desenvolvidas?

Mesmo que este ritmo frenético de atividades se revele benéfico, como pai cristão, você não se preocupa pelos valores implícitos ensinados pelos treinadores e instrutores destas atividades?

O envolvimento nestas atividades tem conteúdo bíblico? Os filhos receberão instrução bíblica sobre uma autoimagem correta, o espírito desportista, a lealdade, o comportamento, a capacidade de resistir, a perseverança, a amizade, a integridade, os direitos, a competição e o respeito pela autoridade?

Obviamente, você deve entender o que é sucesso. O verdadeiro sucesso dependerá das habilidades que estas práticas ensinam? O que é uma definição bíblica de sucesso?

AJUSTAMENTO PSICOLÓGICO

Outros pais lutam mais por objetivos psicológicos. Levados por vívidas recordações de sua própria infância, estão preocupados com o ajustamento psicológico de seus filhos. Livros e revistas assediam estes pais. Tais escritos proclamam a mais recente psicologia popular — tudo elaborado para mamães e papais inseguros. Estes gurus prometem ensinar-lhes como construir a autoestima em seus filhos. Você já notou que nenhum livro promete ajudar a produzir filhos que estimem os outros?

Como ensinar seus filhos a viverem no reino de Deus, onde o que dirige é servo, se, ao mesmo tempo, tentar ensiná-los como fazer as pessoas de seu mundo o servirem?

Para os pais que se sentem manipulados, os psicólogos de crianças oferecem estratégias para ensinar seus filhos a serem eficazes em relação às pessoas (manipulação facilitada). Ainda há outros especialistas que se aproveitam do medo de mimar demais os filhos e prometem filhos que não são mimados. Cada edição mensal do "Catálogo do Clube do Livro" tem suas ofertas de psicologia popular para a criação dos filhos. Os pais os compram aos milhões e curvam-se aos especialistas que lhes dizem que tipo de treinamento seus filhos precisam ter. Esta é a pergunta que você necessita fazer: estes objetivos psicológicos são dignos para os cristãos? Quais passagens da Escritura conduzem-me a esses objetivos?

FILHOS SALVOS

Conheço muitos pais cuja preocupação é conseguir que seus filhos sejam salvos. Concentram-se em fazê-los dizer a "oração do pecador". Eles querem que seus filhos convidem Jesus para entrar em seus corações. Levam Joãozinho aos trabalhos de evangelismo infantil, clube das boas-novas, acampamentos ou a qualquer outro lugar onde alguém venha a conduzi-lo a uma decisão de confiar em Cristo.

Pensam que, se seu filho for salvo, todos os problemas da vida serão resolvidos. Às vezes, os pais se sentem assim porque sua própria experiência de salvação foi marcada por uma transformação completa. Então, desejam que seus filhos tenham aquela experiência também.

Esta é uma questão sensível que precisa ser composta por dois fatos: (1) Não se pode saber, com certeza absoluta, se uma criança é salva. Muitas passagens, como a do "Senhor, Senhor...", no final do Sermão do Monte (Mateus 7.21-23), indicam que mesmo a fé não genuína pode levar alguém a praticar boas ações. O coração pode enganar-se. Por isso, a Bíblia alerta sobre os perigos do autoengano e exorta a testarmos a nós mesmos para ver se estamos na fé. (2)

A profissão de fé em Cristo proferida por uma criança não muda as questões básicas da criação de filhos. Os objetivos dos pais devem ser os mesmos. As atitudes que a criança é chamada a praticar são as mesmas. A criança requer o mesmo tipo de treinamento que necessitava antes de ser salva. Ela terá momentos de ternura e momentos de frieza espiritual. A tarefa dos pais não muda quando a criança faz uma decisão de seguir a Cristo.

Há muitas passagens que ensinam a necessidade de pastorear, treinar, instruir e disciplinar seus filhos. Nenhuma destas passagens indica como alvo o levar a criança a pronunciar a "oração do pecador".

CULTO DOMÉSTICO

Alguns pais estão persuadidos de que a família que ora unida permanece unida, então determinam que terão períodos de leitura bíblica diária; cada membro da família precisa estar presente. Estão conscientes sobre a necessidade das devoções diárias. Porém, por mais valioso que seja o culto em família, ele não é substituto para a verdadeira espiritualidade.

Conheço uma família que nunca deixou de fazer um culto doméstico. Liam a Bíblia e oravam a cada dia. Mas, na vida e nos valores familiares, não havia qualquer conexão entre a rotina do culto doméstico e a prática da vida espiritual.

Embora o culto doméstico seja de muito valor, a vida daquela família refletia uma espiritualidade defeituosa.

FILHOS BEM-COMPORTADOS

Alguns sucumbem à pressão de criar filhos bem-comportados. Nós os ajudamos a adquirir boa postura e os ensinamos a conversar. Queremos filhos que tenham certas graças sociais. Desejamos que façam os convidados sentirem-se à vontade. Almejamos que possam reagir graciosamente, mesmo sob pressão. Sabemos que estas habilidades são necessárias para sermos aceitos em nosso mundo. Agrada-nos ver estas graças sociais em nossos filhos.

Sou um pastor que criou três filhos e, com certeza, não tenho nada contra crianças bem-comportadas. No entanto, ter crianças bem-comportadas não é um objetivo digno. Esse é um grande benefício da criação bíblica de filhos, porém é um objetivo secundário.

Você não deve reagir ao comportamento de seu filho para agradar alguém. As tentações para se fazer isso são numerosas. Todo pai já enfrentou a pressão de corrigir um filho ou uma filha, porque outros achavam apropriado. Talvez você estivesse com visitas quando o Júnior fez ou disse algo que você interpretou como inofensivo, mas que foi inquestionavelmente mal-entendido pelos visitantes. Atingido pelos punhais de desaprovação de seus amigos, você sentiu a necessidade de corrigir Júnior por causa dos outros. Se consentir com este proceder, seu foco de educação se tornará o comportamento. Tal atitude atrapalhará o lidar biblicamente com o coração de Júnior. A questão crítica torna-se o que os outros pensam e não o que Deus pensa. A correção paciente e santificada é reprimida pela urgente pressão de mudar o comportamento. Se o seu objetivo é crianças bem-comportadas, você está aberto a centenas de tentações que o levam a buscar o que é conveniente.

O que acontece à criança cujo treinamento é levá-la a fazer tudo o que é apropriado? Quando ser bem-comportado está desvinculado das raízes bíblicas do servir, as boas maneiras tornam-se um clássico instrumento de manipulação. Seus filhos aprendem a manipular os outros de modo sutil, mas profundamente dirigido ao proveito próprio. Alguns filhos se tornam manipuladores sórdidos e desprezam os menos educados. Outros, vislumbrando além da falsidade e da hipocrisia, tornam-se rudes e vulgares rejeitadores dos padrões culturais. No final dos anos 60 e início dos 70, muitos jovens, começando a vida adulta, rejeitaram a etiqueta social na tentativa de serem reais e simples. Qualquer dessas reações é uma consequência de boas maneiras desassociadas da âncora bíblica de ser um servo.

BOA EDUCAÇÃO

Em meus anos como administrador de escola, encontrei muitos pais cujo objetivo era a boa educação. Estes pais são esforçados. Trabalham com seu filho durante horas, a cada noite. Treinam e preparam, encorajam e avisam, não param até que sua criança seja bem-sucedida. O objetivo é que ela obtenha os prêmios acadêmicos e o reconhecimento escolar. Têm a convicção de que a educação traz o sucesso. Infelizmente, muitas pessoas desiludidas e machucadas são integralmente educadas. É possível ser bem-educado e ainda não entender a vida.

CONTROLE

Alguns pais realmente estão sem um objetivo nobre; simplesmente desejam controlar seus filhos. Querem que seus filhos raciocinem, comportem-se, sejam bons, sejam "legais". Contam a seus filhos como tudo era diferente no tempo em que foram criados. Frequentemente, empregam os métodos de disciplina "testados e verdadeiros" — que seus pais utilizaram e pareceram funcionar. Desejam filhos controláveis. Requerem que façam o que é certo (seja qual for o significado disso no momento). Em última análise, seu alvo é controlar seus filhos.

EXORTAÇÃO BÍBLICA CONTRA A INFLUÊNCIA CULTURAL

Qualquer estudante do Velho Testamento sabe que Deus se preocupava com a susceptibilidade de Israel à influência do povo de Canaã. Deus ordenou a Israel que expulsasse as nações, sem mostrar compaixão. Ele sabia que, se o povo de Canaã vivesse ao lado deles, Israel se perderia.

De modo semelhante a Israel no Velho Testamento, estamos sujeitos à poderosa influência da cultura. Assim como Israel, precisamos rejeitar as coisas da cultura que são abomináveis a Jeová, nosso Deus.

Por um lado, devemos estar dolorosamente conscientes dos objetivos não bíblicos, tais como os esboçados neste livro. Por outro, urge abraçarmos os objetivos das Escrituras. Há tantas áreas nas quais os filhos necessitam de direção. Que objetivo é amplo e flexível o suficiente para se adequar a todos os estágios do desenvolvimento infantil?

Que objetivos bíblicos gerais poderão guiar e concentrar sua visão da vida e, portanto, a educação de seus filhos? Qual seria um objetivo bíblico válido?

OBJETIVO BÍBLICO ABRANGENTE
A primeira e mais conhecida pergunta do "Catecismo Menor de Westminster" responde a esta questão:

> Qual é a finalidade principal do homem?
> A finalidade principal do homem é glorificar a Deus e desfrutá-lo para sempre.

Existe qualquer outro objetivo mais digno? Você está disposto a começar aqui com seus filhos? Você deve equipar seus filhos para que vivam e atuem em uma cultura que abandonou o conhecimento de Deus. Se ensiná-los a usarem suas habilidades, aptidões, talentos e inteligência para fazerem suas vidas melhores, sem referência a Deus, você os distancia dele. Se seus objetivos são outros, além de "a finalidade principal do homem é glorificar a Deus e desfrutá-lo para sempre", você os ensina a atuarem na sociedade segundo as condições dela.

Como fazemos isto? Cedemos aos seus desejos e vontades. Ensinamo-lhes a deleitarem sua alma indo a lugares e tendo atividades. Procuramos satisfazer seus desejos por emoções. Enchemos suas jovens vidas com atividades que os distanciam de Deus. Damo-lhes bens materiais e nos alegramos quando deleitam-se nessas posses. Então, esperamos que, de alguma forma, no decorrer dos anos, percebam que a vida abundante se acha somente em conhecer e servir a Deus.

Em termos de orientação religiosa, estamos treinando-os na idolatria do materialismo. Anos gastos em negar a importância de uma profunda convicção na verdade da Escritura não desenvolverão uma piedade santa durante a adolescência ou no início da vida adulta.

Não é de admirar que percamos nossos filhos. Nós os perdemos porque falhamos em pensar claramente sobre a finalidade principal do homem. "A finalidade principal do homem é glorificar a Deus e desfrutá-lo para sempre"; portanto, seu objetivo, em cada circunstância, precisa ser o de expor a visão bíblica diante de seus filhos. Desde seus primeiros anos, deve ensiná-los a verem a si mesmos como criaturas feitas à imagem de Deus — criados para Deus. Necessitam aprender que só "encontrarão a si mesmos" se encontrarem a Deus. Seu filho deve crescer no entendimento de que uma vida real é experimentada, ao colocar-se diante de Deus, dizendo: "Quem mais tenho eu no céu? Não há outro em quem eu me compraza na terra" (Salmos 73.25). Se é isso o que você deseja para seus filhos, então assegure-se de que o conteúdo do dia a dia se encaixe neste objetivo.

MENSAGENS DUVIDOSAS

O Salmo 36 afirma que é somente na luz de Deus que vemos a luz. Porém, apresentamos um mundo diferente aos nossos filhos. Em nossa tentativa de ajudá-los a se adaptarem à cultura que não conhece a Deus, estabelecemos objetivos e modos de resolver os problemas da vida que não são bíblicos. De fato, nós os treinamos para não pensarem biblicamente. Estes padrões de pensamentos e hábitos de ação não bíblicos estão na contramão dos objetivos de uma pessoa que vive para a glória de Deus.

Por exemplo, se você ensina a obedecer e a se comportar, a fim de ser aprovado por você e pelos outros, apresenta um objetivo não bíblico. Deus afirma que devemos fazer todas as coisas para sua glória, porque os seus olhos estão sobre nós e ele é o recompensador dos justos. As pessoas gostam de uma criança obediente, mas não se pode tornar o benefício secundário da obediência a razão principal para a obediência.

Outro exemplo pode ser útil: que conselho você dá a seu filho quando ele se defronta com crianças agressivas na escola? Muitos pais aconselhariam seus filhos que respondessem com "dente por dente", que seguissem o padrão de retribuir o mal com o mal. Outros ensinam seus filhos a ignorar uma "barra pesada". Mas esses conselhos são bíblicos? De fato, não. Deus nos instrui a retribuir o mal com o bem, e a confiar-nos aos cuidados protetor de um Deus que diz: "A mim me pertence a vingança; eu é que retribuirei" (Romanos 12.19).

O conselho bíblico leva a criança a confiar-se ao cuidado e proteção de Deus; ensina a ser sensível com as necessidades do ofensor: "Se o teu inimigo tiver fome, dá-lhe de comer" (Romanos 12.20). A sabedoria bíblica ajuda a criança a lembrar que Deus ordena abençoar os que nos amaldiçoam. Em resumo, é o tipo de conselho que só funciona à luz da revelação bíblica, pois dirige a criança a Deus e não aos seus próprios recursos.

No próximo capítulo, vamos pensar novamente a respeito desses objetivos, à luz da finalidade principal do homem.

APLICAÇÃO PRÁTICA

1. Como você define o sucesso? Como seu filho completaria esta frase: "O que mamãe e papai esperam de mim é..."?
2. Se você está pressionado e sendo derrotado pelas práticas que exemplifiquei como objetivos não bíblicos, quais objetivos não bíblicos influenciam a criação de seus filhos mais adversamente?
3. Lembre-se: você é uma influência formativa para seus filhos. O que motiva sua vida? O que o impulsiona no dia a dia? O que você teme, ama ou o deixa ansioso? Quais são os valores ensinados em sua casa?
4. Assim como Israel, no Velho Testamento, você é afetado pela cultura ao seu redor. De que maneira a cultura influenciou sua visão de criar filhos e seus objetivos para com eles?
5. Você está em harmonia com a ideia de viver para a glória de Deus? Este pensamento pulsa dentro de você ou é apenas uma ideia religiosa banal?

6. Quais são os métodos sutis que você é tentado a ensinar seus filhos a viverem na sociedade, sob as condições que esta impõe?
7. Quais mensagens duvidosas você envia a seus filhos? Por exemplo:
"O que me importa é que você faça o melhor que puder" *versus* "Não quero mais ver um 'C' em seu boletim escolar".
"A vida não consiste na abundância de posses" *versus* "Você nem imagina o que eu comprei para você!"
8. O pastoreio espiritual verdadeiro é uma questão de nutrir e não apenas de gastar energia para salvá-los. Como isso afetará suas ações para com os seus filhos?
9. As regras familiares, faladas ou não pronunciadas, são consistentes com a verdadeira espiritualidade; estimulam a viver para a glória de Deus?

Capítulo 6

Modificando seus objetivos

O primeiro passo na construção de uma casa é a escavação. O trabalho do escavador é a preparação do local. Ele arranca arbustos, árvores mortas e troncos indesejáveis, a fim de preparar o lugar para a construção. Nosso capítulo anterior era sobre a preparação do local; limpamos o terreno. Agora estamos preparados para construir.

REPENSANDO OS OBJETIVOS NÃO BÍBLICOS

Se os objetivos citados no capítulo anterior não são válidos, avaliemos esses objetivos à luz da principal finalidade do homem, ou seja, glorificar a Deus e desfrutá-lo para sempre.

DESENVOLVENDO HABILIDADES ESPECIAIS

Qual é o problema ao envolver seus filhos em uma infindável lista de atividades? Muitos pais que nunca deixariam seus filhos estudarem em escolas públicas, colocam-nos em aulas de dança. Recusam-se a deixá-los sob a influência do humanismo secular na escola, mas os deixam expostos aos conceitos de beleza não bíblicos em aulas de dança.

Quando pergunto aos pais por que colocam seus filhos nessas aulas, explicam-me que isso tem ajudado o senso de auto- estima das crianças. Existem passagens bíblicas que ordenam o desenvolvimento da autoestima como um objetivo bíblico? Não deveríamos estar mais preocupados com um conceito correto sobre nós mesmos? É bíblico construirmos a autoestima com base na capacidade de se desenvolver uma habilidade física? Não estaríamos encorajando o orgulho proveniente da capacidade de atuar? A maior parte dos treinadores não ensina, nem mesmo aos pequenos atletas que conseguem fazer um gol, agradecer a Deus pelo tempo e coordenação ao atuar no futebol.

Muitas destas atividades ensinam seus filhos a confiarem em si mesmos, enquanto a Escritura ensina que a pessoa confiante em si mesma é uma tola, cujo coração se afasta de Deus. O amor-próprio e a autoconfiança que a nossa cultura proclama sempre leva o coração a afastar-se de Deus.

Quais valores você ensina mediante os necessários sacrifícios que se pratica todos os dias? Muitas famílias que sempre têm tempo para a prática esportiva são incapazes de organizar a vida da família, a fim de terem horários regulares de leitura bíblica e oração. Quais valores são transmitidos? Quais valores são ensinados quando o culto de domingo vem em segundo lugar em relação à prática do futebol ou à natação? Tudo isto porque as crianças precisam construir sua autoestima!

Em uma visão bíblica, deveríamos ensinar aos filhos o exercitar e cuidar de seus corpos como uma expressão de mordomia pelos dons de Deus. Habilidades devem ser desenvolvidas porque Deus nos deu a mordomia dos talentos e de capacidades especiais. Atividades que poderiam tornar seus filhos mais capazes de servir e que poderiam abrir canais de ministério em favor de outros deveriam ser encorajadas.

Atividades atléticas podem ser um meio valioso de oferecer à família unidade e união. Em vez de desmembrar as famílias, permitindo que cada um faça uma atividade física diferente, tais atividades podem servir para ensinar a lealdade familiar em compartilhar os interesses de cada um em jogos e brincadeiras.

Atividade vigorosa é válida para manter o corpo em excelente saúde. É recomendável preocupar-se com força e resistência para uma vida de serviço a Deus. Atividades que fornecem flexibilidade, força e saúde cardiovascular são necessárias para sermos usados no reino de Deus.

Descobrimos que uma viagem de 1070 Km de bicicleta, acampando diversas vezes durante o percurso, forneceu um desafio físico, mental e espiritual que foi facilmente focalizado nos objetivos bíblicos. Nosso filho Tedd rapidamente entendeu que o amor à família ditou uma mudança em suas técnicas de ciclismo. Para nossa *tournée* de bicicleta ser um projeto da família, ele não podia manter uma velocidade que o colocasse muito à frente dos ciclistas menos habilidosos. Seu desejo de servir impediu que o esporte se tornasse "esporte pelo mero esporte".

AJUSTAMENTO PSICOLÓGICO

E quanto à preocupação pelo ajuste psicológico? Vamos pensar em um exemplo social: o que você faz em resposta a um "barra pesada"? Muitos pais querem ajudar seus filhos a aprenderem "a arte masculina da autodefesa". Tentam ensinar seus filhos como e quando lutar. Já ouvi pais cristãos darem este conselho a seus filhos: "Nunca comece uma briga, mas, se alguém começar uma briga com você, então você termina". Em outras palavras: "Não seja o agressor, mas, se necessário, derrube-o com um soco". Conselho bíblico? Como um pai muda de "derrube-o com um soco" para "ore pela ajuda de Deus"? Deveríamos orar para que Deus nos ajude a "derrubar o outro com um soco"?

Em uma visão bíblica, você deveria instruir seus filhos a confiarem-se a Deus em face do tratamento injusto; deveria ensinar-lhes os princípios da Escritura. Romanos 12.17-21 nos diz que a única arma suficientemente forte para vencer o mal é o bem. Somos exortados a deixar a vingança com Deus. Ele vai lidar com a questão da justiça. Lucas 6.27-36 ajuda-nos a entender como amar nossos inimigos e fazer o bem àqueles que nos odeiam. Deus nos promete, através desta passagem, que seremos filhos daquele que é gentil com os ingratos e maus. 1 Pedro 2.23 nos diz que devemos encarar a injustiça sem retaliação, confiando-nos a Deus. Você deveria encorajar seus filhos a verem as necessidades das pessoas ao seu redor. Precisa ajudá-los a promover a paz e ensinar-lhes que uma resposta branda acalma o furor. Treine seus filhos a usar a dor para aprenderem a amar a Deus e a aprofundar sua segurança e confiança nele.

FILHOS SALVOS

Vamos repensar a questão de ter seus filhos salvos. Talvez um dos problemas desta perspectiva é que ela busca um marcante evento de salvação e perde o processo espiritual de alimentar seus filhos. É sua tarefa ensinar fielmente os caminhos de Deus a seus filhos. E a tarefa do Espírito Santo é operar através da Palavra de Deus, a fim de mudar os corações deles. Mesmo enquanto o Espírito os ilumina e vivifica para a vida, ainda é uma vida de crescimento progressivo.

Seus filhos precisam de alimento espiritual. Têm de ser ensinados no caminho do Senhor e instruídos no caráter de Deus, para que possam aprender um correto temor dele. Necessitam entender que toda a vida se encaminha ao dia quando estaremos diante de Deus e prestaremos contas a ele. Têm de reconhecer os efeitos perversivos da Queda sobre a condição do homem e entender as sutilezas das maldades de seus próprios corações. Precisam compreender o perigo de confiarem em si mesmos. Carecem de respostas para os grandes problemas da vida. Precisam entender a diferença entre o pensar através de suposições e o empirismo. Em suma, necessitam de instrução.

Alimente-os. Carinhosamente, estimule-os a confiarem em Deus. Eles precisam confiar nele não apenas para a salvação, mas para o viver diário. Ensine-os como o conhecer a Deus causa impacto sobre a experiência de ser provocado no pátio da escola. Isto fará uma diferença em como eles interagem com suas falhas e sucessos. Conhecer a Deus fará uma diferença quando estiverem com medo, irados, magoados, ofendendo ou sendo ofendidos. Saber como Deus é lhes servirá quando forem tentados. Conhecer a Deus afetará os objetivos, em longo prazo, de suas vidas. Você precisa ajudar seus filhos a entenderem os ricos tesouros de viver na vitalidade de uma fé robusta e ativa em Jesus.

Você precisa sempre mostrar-lhes tanto sua necessidade da obra redentora de Cristo quanto sua obrigação de se arrependerem de seus pecados e colocarem sua fé em Jesus Cristo. Arrependimento e fé não são rituais de iniciação ao cristianismo. Arrependimento e fé são o caminho que nos une a Deus. Arrependimento e fé não são papéis a se desempenhar, quando nos tornamos cristãos; são atitudes do coração relacionadas a mim e ao meu pecado. Fé não é apenas o modo de ser salvo, é a vitalidade da vida cristã.

Seus filhos têm de entender o que significa arrepender-se, não apenas de "todos os meus pecados", de um modo generalizado, mas de pecados específicos da idolatria do coração. Precisam conhecer a purificação e o refrigério do perdão de Deus, não apenas para ser salvo, mas para a vida diária. Eles carecem de entendimento sobre a vida cristã, não apenas como um viver de acordo com um código bíblico, mas como uma vida de fé, compromisso e comunhão com o Deus vivo.

O CULTO DOMÉSTICO

O culto da família deve funcionar de um modo mais rico e amplo do que transparece na simples frase com que o descrevi acima. É fácil trocar o meio pelo fim. A prática do culto doméstico é um meio, não um fim. É um meio com a finalidade de conhecer a Deus. O nome do jogo não é "culto doméstico diário", por si mesmo; é conhecer a Deus. A finalidade é conhecer a Deus. Um meio que se pode empregar com esta finalidade é o culto em família.

Você precisa de um culto doméstico que tenha conexão com seus filhos e com suas vidas. Você deve ser criativo e flexível e assegurar-se de que o culto doméstico serve às tarefas de pastorear e alimentar espiritualmente a família.

Ler Provérbios diariamente é de grande benefício aos filhos (e aos adultos). Nossa prática diária era ler a terça parte de um capítulo de Provérbios, antes do horário da escola, todos os dias. Isto era uma rica fonte de sabedoria e encorajamento para nossos filhos. Nós os temos visto aprenderem e, mais tarde, internalizarem os princípios desta prática seção da Palavra de Deus. O livro de Provérbios é como um manual do proprietário para a vida; confronta um filho com todos os aspectos da verdadeira espiritualidade.

Quando nossos filhos eram pequenos, líamos as passagens do Velho Testamento e as representávamos. Já fui o Golias (com a ajuda de uma cadeira). Já nos escondemos em cavernas (debaixo da mesa) com Davi, enquanto ele fugia de Saul. Ler alguns dos Salmos de perseguição, em nossa "caverna", trouxe vida à Palavra de Deus para nossos filhos.

Um dia, arrumamos nossas coisas e saímos a pé, falando de Abraão que deixou Ur sem saber para onde ia, sabendo apenas que Deus iria com ele. Tentamos imaginar que saíamos de casa para nunca mais voltar e que não sabíamos para onde estávamos indo.

Porque fazer tudo isso? Por esta simples razão: tornar a Bíblia viva para nossos filhos. Lembre-se que o objetivo do culto em família não é outro senão conhecer a Deus. Quando você perde de vista esse objetivo, o culto familiar torna-se um ritual vazio. Você só precisa ler Isaías 1 para ver o que Deus pensa sobre rituais vazios.

FILHOS BEM-COMPORTADOS

E os comentários anteriores sobre criar filhos bem- comportados? Você não pode usar a abordagem da "Srta. Bonsmodos", visto que ela é simplesmente um meio sofisticado de manipulação social. Em uma visão bíblica, os bons modos são uma expressão e uma aplicação do dever de amar meu próximo como a mim mesmo. Esta é uma questão de ensinar os filhos a imitar o Senhor Jesus e seu altruísmo, tal como é exposto em Filipenses 2.

Quando se diz "por favor" e "obrigado", baseado em saber o que significa buscar o interesse dos outros, estas formas gentis se tornam expressões do amor bíblico. Esperar para comer após todos terem se servido não é apenas uma convenção social vazia, é uma forma de mostrar consideração por aqueles ao seu redor. Bom comportamento deve estar enraizado naquelas raras qualidades que o apóstolo

Paulo viu em Timóteo: "Porque a ninguém tenho de igual sentimento que, sinceramente, cuide dos vossos interesses; ... E conheceis o seu caráter provado..." (Filipenses 2.20,22).

BOA EDUCAÇÃO

E os objetivos acadêmicos? Geralmente, os pais enviam seus filhos à escola e os pressionam a obter boas notas. Boas notas são um objetivo bíblico? Que passagens sustentariam este objetivo? Então, os pais acrescentam aos objetivos não bíblicos os incentivos não bíblicos: "Vou lhe dar um dólar a cada vez que você obter um 'A' em um teste escolar"; ou, talvez, digam: "Se estudar bastante, você poderá obter um bom emprego e ganhar muito dinheiro quando crescer". Um objetivo bíblico? Dificilmente! As Escrituras dizem o contrário: "Não se desgaste para ficar rico". Não estou negando, de modo algum, que aqueles que são fiéis serão ricamente recompensados. É claro que isso é verdade, mas não se pode trabalhar apenas tendo esse objetivo como recompensa.

Ao contrário, você deve enviá-los à escola sem nenhuma pressão por boas notas. Notas têm importância se o seu filho aprender com isso a esforçar-se diligentemente para Deus; ele prometeu que recompensará os fiéis. Sabendo que dons e habilidades devem levar a uma mordomia para com o Senhor, as atividades de seu filho devem ser caracterizadas por fidelidade. Você precisa treiná-lo a encontrar em Cristo a força e o poder para trabalhar para a glória de Deus. Qualquer outra coisa é treiná-lo para pensar e agir fora dos princípios bíblicos.

OBJEÇÕES RESPONDIDAS

Posso ouvir meus leitores discordarem: "E se meus filhos não são crentes?" Vamos abordar isso mais tarde. No momento, você supõe que deveríamos ensinar os incrédulos a desobedecer a lei de Deus? O padrão de Deus não é aplicável a todos, independentemente de crerem ou não em Jesus? Ousamos dar-lhes mecanismos e abordagens que os ajudem a aprender a manipular seu mundo, sem levarem em conta a existência de Deus? Tais coisas apenas os afastarão de Cristo.

Se você fielmente sustenta o padrão de Deus, está mantendo diante deles a lei de Deus como um aio, ou seja, um auxílio para conduzi-los a Cristo. Diante da situação em que deveriam ser amáveis com quem os insulta, não há onde buscar ajuda senão em Deus, o único que pode capacitar uma pessoa a responder em amor. Quando o coração de seu filho deseja vingança, quando precisa de força para amar um inimigo, quando sua fé exige que deixe espaço para a justiça de Deus; não há para onde ir senão à cruz. Ele não poderá conhecer estas atitudes sem conhecer a Cristo. Então, você precisa estar sempre apontando para Cristo e sua obra, poder e graça.

Buscar ajuda de Deus foi poderosamente ilustrado na vida de nossa filha. No primeiro ano do ensino médio, parece que a professora de espanhol e ela não se ajustaram bem. Durante todo o ensino médio, ela lutou com a ira por estar sendo ofendida. Passamos muitas horas conversando com ela sobre como reagir. Discutimos a impossibilidade de ela amar essa senhora à parte da graça de Deus. Nós a encorajamos a encontrar esperança, força, consolo e conforto em Cristo. Um dia, quando estava no último ano, minha esposa observou uma anotação na margem de sua Bíblia, aplicando Romanos 12 ao seu relacionamento com a professora de espanhol. Ela passou pelas disciplinas espirituais necessárias, a fim de conhecer a ajuda que Cristo nos dá nesta batalha diária.

Ensinar seus filhos a viverem para a glória de Deus deve ser seu objetivo mais amplo. Você deve ensiná-los que para eles, bem como para toda a humanidade, a vida abundante se acha em conhecer e servir o Deus vivo e verdadeiro. O único objetivo digno para a vida é glorificar a Deus e desfrutá-lo para sempre.

Se você aceita este objetivo como o único digno de sua atenção e esforço, que métodos você deve empregar para ajudar seus filhos a se lançarem à conquista deste alvo? Os métodos serão abordados no próximo capítulo.

APLICAÇÃO PRÁTICA

Estas perguntas são as mesmas sobre as quais pensamos no final do capítulo 5. Como sua compreensão destas questões mudou pela Palavra de Deus?

1. Como você define o sucesso? Como seu filho completaria esta frase: "O que mamãe e papai esperam de mim é..."?
2. Se você está pressionado e sendo derrotado pelas práticas que exemplifiquei como objetivos não bíblicos, quais

objetivos não bíblicos influenciam a criação de seus filhos mais adversamente?
3. Lembre-se: você é uma influência formativa para seus filhos. O que motiva sua vida? O que o impulsiona no dia a dia? O que você teme, ama ou o deixa ansioso? Quais são os valores ensinados em sua casa?
4. Assim como Israel, no Velho Testamento, você é afetado pela cultura ao seu redor. De que maneira a cultura influenciou sua visão de criar filhos e seus objetivos para com eles?
5. Você está em harmonia com a ideia de viver para a glória de Deus? Este pensamento pulsa dentro de você ou é apenas uma ideia religiosa banal?
6. Quais são os métodos sutis que você é tentado a ensinar seus filhos a viverem na sociedade, sob as condições que esta impõe?
7. Quais mensagens duvidosas você envia a seus filhos? Por exemplo:
"O que me importa é que você faça o melhor que puder" *versus* "Não quero mais ver um 'C' em seu boletim escolar". "A vida não consiste na abundância de posses" *versus* "Você nem imagina o que eu comprei para você!"
8. O pastoreio espiritual verdadeiro é uma questão de nutrir e não apenas de gastar energia para salvá-los. Como isso afetará suas ações para com os seus filhos?
9. As regras familiares, faladas ou não pronunciadas, são consistentes com a verdadeira espiritualidade; estimulam a viver para a glória de Deus?

Capítulo 7

Descartando métodos não bíblicos

Uma pequena menina atraiu minha atenção. Era uma criança bonita. Cada detalhe de sua roupa e maneiras de enfeitar-se falava de riqueza. Ela e sua mãe, tal como eu, aguardávamos um voo.

A beleza desta criança era exterior, pois ela mostrava-se exigente e petulante. Era evidente que sua mãe, cansada de viajar, estava ao ponto de impor sua autoridade.

Então, aconteceu. A criança resmungou, exigindo isso e aquilo, recusando-se a ser acalmada. Sua mãe tentou aquietá-la. A criança estava implacável.

Finalmente, a exasperada mãe virou-se para ela e disse:

— Estou cheia de você; eu a odeio. Vá embora; encontre outra pessoa e grite com ela. Não quero você; não aguento mais você. Suma da minha vista. - ela gesticulou.

Após dizer isso, pegou suas coisas e afastou-se de sua filha. Em circunstâncias normais, talvez a garotinha pudesse suportar esta explosão de poder, mas ali, em um aeroporto estranho, sentiu-se assustada.

Foi em direção à sua mãe e disse:

– Desculpe, mamãe. Eu amo você, mamãe.
– Vá embora, eu não conheço você...
– Desculpe, mamãe. – desta vez ela estava desesperada.
– Vá embora, eu odeio você...

A companhia aérea chamou meu voo. Quando as vi pela última vez, a garotinha ainda estava implorando, e a mãe dava-lhe um sermão corretivo.

Visto sob uma perspectiva, alguns poderão dizer que aquilo é ser bem-sucedido na educação de filhos. Esta mãe deparou-se com uma criança exigente e inconsequente e, em poucos minutos, conseguiu mudar o comportamento de sua filha. Analisado sob outra perspectiva, todos concordariam que o método da mãe estava errado. Embora conseguisse mudar o comportamento da filha, ela o fez a um custo muito alto. A cura foi pior do que a enfermidade.

Não podemos ser indiferentes à metodologia. Biblicamente, o método é tão importante quanto os objetivos. Deus fala de ambas as questões. Ele está preocupado não apenas com o que fazemos, mas em como o fazemos.

Nossa cultura não oferece modelos bíblicos. Neste assunto, assim como na área dos objetivos, precisamos identificar e rejeitar abordagens que reivindicam nossa atenção. Objetivos bíblicos exigem uma abordagem bíblica — apenas uma metodologia divina trará glória a Deus.

MÉTODOS NÃO BÍBLICOS

Abordagens não bíblicas nos alcançam de muitas formas.

Os livros e as revistas regularmente abordam a educação de filhos. Sempre há mercado para abordagens que prometem alguma esperança de sucesso. Programas de TV mostram especialistas respondendo entrevistas e em conversação informal sobre o assunto. Às vezes, simplesmente aplicamos padrões familiares nos quais crescemos.

As variadas abordagens têm uma coisa em comum: a mente humana é o padrão. Podem ser padrões provenientes de nossa própria mente: "Não vejo nada errado com o que meu pai fez"; ou, podem vir da mente de outros: "Dr. Fulano, no programa de TV, defendeu isto, e parece bom para mim". Acreditar em soluções, tendo a mente humana como um ponto de referência suficiente em si mesmo está implícito em cada um destes exemplos.

Vamos identificar os métodos mais comuns.

NÃO ACABEI TÃO MAL

Infelizmente, muitos pais não analisam a metodologia. Apenas ficam irados e gritam. Quando estão saturados, ameaçam, bradam, batem nos filhos e tornam-se cada vez mais frustrados. Às vezes, isso é feito em nome da disciplina bíblica. Afinal, eles não querem ser pais permissivos com filhos indisciplinados. Quando desafiados, com frequência respondem: "Meu pai gritava comigo e, às vezes, me agredia. Não gostava, mas acabei aprendendo".

O que este pai fez? Aceitou inquestionavelmente e aplicou o mesmo método de educação de filhos que seus pais usaram. Não avaliou para ver se era bíblico. Não analisou se isso teve uma influência positiva sobre ele. Simplesmente extraiu de sua própria experiência a explicação de que tal método não foi tão ruim.

No exemplo acima, o método "não acabei tão mal" utilizava a confrontação e o abuso. Outros métodos poderiam não incluir confronto ou abuso. Talvez os pais foram indulgentes e permissivos. Talvez se renderam e foram facilmente manipulados. O ponto central é que muitos pais empregam, sem questionar, qualquer método que seus pais empregaram. Quando corrigem seus filhos, estão apenas ecoando o método utilizado por seus pais, sem importar qual tenha sido. Quando corrigem seus filhos, estão simplesmente ecoando as palavras e o tom de seus pais.

PSICOLOGIA POPULAR

Recentemente ouvi um convidado de um programa de rádio discutir como motivar os filhos. Sua abordagem foi suborno. De fato, ele usou esse termo "suborno" para identificar seu método. Seu conselho era negociar. Use seu poder como adulto para fazer suborno que incentive o comportamento que você deseja.

Se seu filho não limpa seu quarto, suborne-o. Na semana em que ele limpar o quarto, dê-lhe um novo *videogame* ou algum dinheiro. Tudo o que tem de fazer é ser criativo o suficiente para encontrar o suborno que funciona com cada um de seus filhos.

Outra variedade deste método é o contrato. Faça um contrato com sua filha. Escreva um acordo em que você se compromete a realizar certas coisas, se ela fizer outras. Estabeleça contratos que lhe garantam a realização das coisas que você pretende que sejam feitas por ela. (Esquecemos rapidamente que a criatividade da criança pode ultrapassar as cláusulas de qualquer contrato que a mente do pai possa conceber.)

Estas abordagens são superficiais. Apelar ao suborno e aos contratos é a clássica manifestação do interesse próprio. Nesse método, a criança não é ensinada a buscar os interesses dos outros. A criança nada aprende sobre seu próprio coração e motivações; não aprende a estar debaixo de autoridade e nada fica sabendo a respeito de Deus ser a autoridade e o pai ser o agente de Deus. A criança não aprende as razões bíblicas para a integridade, a responsabilidade ou a limpeza de seu próprio quarto.

Estes métodos não satisfarão a um pai que entende que o coração determina o comportamento. Tais métodos não lidam biblicamente com o coração. Estão preocupados somente com o comportamento exemplar. Infelizmente, o coração está sendo treinado, mas não dentro das motivações e dos objetivos bíblicos.

MUDANÇA DO COMPORTAMENTO

Alguns dos métodos da psicologia popular dirigem-se à mudança do comportamento. A ideia é simples: recompensa-se o bom comportamento de alguma forma tangível; ignora-se ou, talvez, pune-se o comportamento ruim. Embora eu não seja contra o elogio à criança por fazer o que é certo, rejeito a noção de que as crianças deveriam ser recompensadas por cumprirem responsabilidades normais.

No esquema de mudança do comportamento há recompensa aleatória ao fazer-se o que é considerado bom. Júnior faz bem uma tarefa doméstica e, portanto, ganha sorvete. Se falhar em fazer alguma tarefa, ele recebe alguma privação. A esperança é de que a criança reaja às recompensas e às privações tornando-se bem-comportada.

Visto serem o coração e o comportamento tão interligados, o que modifica o comportamento também treina o coração. O método errado treina o coração na cobiça e no interesse próprio e em trabalhar por recompensas. A base do apelo é a cobiça de Júnior. Como o Júnior vive conduzido pela cobiça e atua para ganhar sorvete e outros bens, o programa parece funcionar. Nossos métodos inevitavelmente instruem o coração — o coração determina o comportamento.

Uma família que conheço desenvolveu uma aplicação clara de *behaviorismo*, ou seja, mudança de comportamento. Cada vez que seus filhos reagiam positivamente a qualquer coisa, colocavam o nome da criança em um pedaço de papel e o depositavam em um jarro.

Se a criança escovasse seus dentes, ajudasse com a louça, limpasse seu quarto, arrumasse a mesa ou fizesse qualquer coisa recomendável, seu nome ia para o jarro. Se ela fizesse qualquer coisa errada, seu nome sairia do jarro. No final da semana, um nome era retirado do jarro e a criança vencedora ganhava um presente.

As crianças rapidamente aprendiam a regra do jogo. Ponha seu nome no jarro o maior número de vezes possível. Quanto mais vezes seu nome estiver no jarro, maior sua chance de vencer.

Você quer saber o resultado. Funcionou muito bem. Foi um instrumento eficaz para ensinar as crianças. Ensinou-as a serem egoístas; ensinou-as a fazer as tarefas por motivos impróprios; ensinou-as a conquistar a aprovação dos pais e, portanto, a terem seus nomes no jarro, uma vez após outra. Cada criança aprendeu rapidamente o que fazer para ter seu nome entrando no jarro e como maximizar o número de vezes pelo mínimo de esforço. Tornaram-se manipuladoras do sistema. Quando a mãe não estava por perto, para observar o bom comportamento, não havia motivo para ser bom. Isso afastou a família para longe dos motivos bíblicos.

Permita-me fazer a seguinte observação: incentivos e recompensas bíblicas não são um fim em si mesmo, mas apenas o resultado da obediência a Deus. Há bênção temporal ligada à obediência. O Deus que conhece nossos corações nos chama ao comportamento correto com a finalidade de honrá-lo. Ele honra os que o honram (1 Samuel 2.30).

EMOCIONALISMO

Existe o método que chamo de emocionalismo. Este foi o método usado pela mãe, na ilustração que mencionei na abertura deste capítulo. Ela apelou para o medo da criança, ao ver-se deixada sozinha, em um aeroporto estranho. O apelo foi para o senso de bem-estar de sua filha. Ela sabia que sua filha não podia lidar bem com a ameaça emocional de ser deixada sozinha, no aeroporto.

Alguns usam esta abordagem emocional de forma mais "amável". Já ouvi pais dizerem: "Realmente me sinto mal, quando você fala assim. Você está me magoando". Novamente, o ponto de referência é o bem-estar emocional.

Outra variedade de apelo emocional é envergonhar uma criança. Uma menina que conhecemos é continuamente envergonhada com ameaças a respeito de suas ações, as quais, dizem, estragam a reputação de seu pai como um líder da comunidade. O apelo não é que obedeça para a glória de Deus. Em vez disso, é um envergonhar, carregado de emoção, por colocar em risco a credibilidade de seu pai, em vista de seu comportamento inaceitável.

Conheço uma família que tem usado sistematicamente outra forma de privação emocional. Eles rejeitam o ato de disciplinar com a vara, porque o consideram cruel. Quando sua filha se comporta mal, colocam-na, sozinha, em uma cadeira no meio da sala de estar, por um período de tempo específico. Enquanto a criança está sendo punida, sozinha em sua cadeira, ninguém da família pode falar ou ter qualquer contato com ela. É isolada da família, que continua seu dia como se ela não estivesse ali. Quando lhe perguntaram o que a torna mais triste do que qualquer outra coisa, esta garota de sete anos respondeu: "Fico mais triste quando estou na cadeira, e meu pai está em casa, mas não fala comigo".

Esta abordagem não é apenas cruel, mas ineficaz em termos de confrontar o coração biblicamente. Esta menina não está aprendendo a entender seu comportamento biblicamente; não está aprendendo a discernir as questões específicas do coração, as quais são refletidas pelo seu comportamento. O que está aprendendo é a evitar a privação emocional de estar na cadeira. Seu coração está sendo treinado, não em conhecer e amar a Deus, mas em responder ao medo paralisador da privação emocional.

Provavelmente, enquanto ela se endurece com este método de disciplina, podemos esperar que o efeito deste método tenha um alcance em longo prazo. Ela poderá ser sempre levada a agradar seus pais e assegurar sua aprovação. Ou pode distanciar-se internamente de seus pais, a fim de defender-se de sofrimento futuro. De qualquer modo, se for complacente ou se for rebelde, ela não está aprendendo a viver com base no desejo de conhecer e servir a Deus.

CORREÇÃO PUNITIVA

Alguns pais usam a abordagem punitiva. Estes pais usam a ameaça da punição para controlar seus filhos. Há muitas variações deste tema. A punição pode ser algo como levar uma surra ou ouvir um grito. A punição também pode ser a privação de algo que a criança deseja. A tentativa é manter a criança sob controle, através da experiência negativa de punição. Não estou condenando a prática bíblica da vara, mas a resposta negativa da frustração e da ira.

Prender no quarto é talvez a forma de privação mais popular. As crianças são privadas de suas bicicletas, do telefone, de sair, da TV, de outras crianças e, até mesmo, dos membros da família. Enquanto escrevo, estou lembrando de uma criança de dez anos que foi confinada em seu quarto por várias semanas. Ele só pôde deixar seu quarto para ir à escola, ao banheiro ou para fazer uma refeição.

Neste caso, o problema é que não estão sendo abordadas quaisquer das questões que ocasionou o mau comportamento, pelo qual ele está preso. Perguntei à sua família o que achavam que a confinação estava fazendo por ele. Olharam para mim com surpresa. Como pode ver: prender não intenciona fazer algo pela criança; faz algo contra ela.

Castigar não é corrigir. É simplesmente punição; não aborda biblicamente as questões do coração que se refletiram no comportamento errado da criança. Castigar é simplesmente punir por um período específico de tempo. Nada do que meu jovem amigo precisa aprender está sendo ensinado. Ele está aprendendo a lidar com a confinação, mas as falhas de seu caráter não são abordadas. Ele não está aprendendo a entender o engano do seu coração; não está aprendendo os caminhos de Deus. Não está sendo levado a Cristo, o único que pode capacitar uma criança de dez anos a saber como servir a Deus.

Fico sempre imaginando por que castigar assim é uma prática tão popular universalmente. Creio que é por ser fácil. Esse método não requer uma interação contínua; não requer diálogo constante; não avalia o que está acontecendo dentro da criança. Esse método não requer instrução constante e apelo paciente à reação.

Castigar é rápido, incisivo, simples. "Você está de castigo por um mês. Vá para o seu quarto."

Talvez os pais simplesmente não saibam de nada mais construtivo a fazer. Sentem-se frustrados. Percebem que algo está errado com seu filho, mas não sabem como tratar disso. Porém, sentem que precisam reagir de alguma forma.

Uma coisa é certa. Castigar não aborda as questões do coração de uma maneira bíblica. O coração está sendo alcançado, mas é alcançado de uma forma errada. A criança aprenderá a lidar com o castigo, mas talvez nunca chegue a aprender aquilo que um pai dedicado deseja que ela aprenda. Meu amigo de dez anos é um tanto filosófico a respeito disso. "Não é tão ruim", ele me disse, "posso brincar e assistir TV em meu quarto. Se não me importar com isso, não é tão mal assim". Ele aprendeu a viver em prisão domiciliar.

ECLETISMO INCONSISTENTE

Esta abordagem é exatamente aquilo que o nome indica. Ela é passível de erro por ser mutável. Não há consistência. É eclética, porque livremente extrai suas bases de várias fontes. Os pais aplicam frações e pedacinhos de uma variedade de métodos. Algumas ideias aprendidas ao ler a revista Selições, enquanto espera na fila do supermercado, juntam-se às ideias colhidas em um bate-papo no berçário da igreja. E assim vai. Como uma bola de neve, as ideias se adicionam pelo caminho.

Durante algumas semanas, mamãe e papai tentam as negociações. Isto se torna enfadonho e não parece funcionar tão bem para eles como funcionou para outros. Então, ouvem alguém falar sobre dar uma surra e decidem que esta é a necessidade. Talvez tenham esperado muito para começar com este método. E, para variar, tentam manter o filho preso no quarto. Experimentam uma fase de apelos emocionais e, além disso, usam o suborno por uns dias. Em geral, sentem-se frustrados, assustados e gritam muito.

Seus filhos estão confusos. Eles não têm certeza do que mamãe e papai querem. Nunca sabem que sistema está em prática agora. Finalmente, estão piores do que se mamãe e papai tivessem se apegado a qualquer método e se fixado nele.

Provavelmente, você poderia acrescentar a esta breve lista vários outros métodos possíveis de educação dos filhos. Esta lista é apenas sugestiva. Mas revela que precisamos de uma metodologia bíblica.

AVALIANDO MÉTODOS NÃO BÍBLICOS
Onde nos levam estes métodos não bíblicos? Que tipo de fruto produzem? Embora tenhamos discutido vários métodos diferentes, todos nos levam aos mesmos problemas. Levam à educação superficial dos filhos, em vez de conduzir-nos a pastorear os corações de nossas crianças. Abordam

apenas o comportamento. Portanto, perdem o ponto focal da disciplina bíblica.

A disciplina bíblica aborda o comportamento ao abordar o coração. Lembre-se: o coração determina o comportamento. Se você aborda o coração biblicamente, o comportamento será impactado.

É cômodo lidar somente com o comportamento, em vez de lidar com o coração, porém leva a ignorar necessidades profundas dentro da criança. Você não pode reagir à Susane que gritou com Tiago, simplesmente dizendo-lhe que pare de gritar. O problema não é que ela está gritando com seu irmão. O problema é a ira e a amargura em seu coração, que ela expressa ao gritar. Se você tentar mudar apenas o comportamento, está perdendo a questão real — o seu coração. Se você puder, com sucesso, atingir a questão real, o problema do comportamento será solucionado.

A educação superficial de filhos, que nunca aborda o coração, produz filhos superficiais que não entendem o que se passa com eles mesmos. A criança precisa ser treinada em como entender e interpretar o seu próprio comportamento, em termos da motivação do coração. Se nunca tiverem esse treinamento, passarão pela vida sem nunca entender os conflitos internos, situados por detrás até mesmo do melhor comportamento.

A educação de filhos que focaliza apenas o comportamento não atinge o coração. Ou pior, surge o problema de que o coração é abordado erroneamente. Mudar o comportamento sem mudar o coração treina-o na direção do método utilizado. Se a direção do método é recompensa, o coração é treinado a querer a recompensa. Se é aprovação, o coração é treinado a lutar por aprovação ou a temer a desaprovação. Quando os especialistas lhe dizem que deve descobrir o que funciona com cada criança, estão dizendo que descubra os ídolos do coração que motivam esta criança.

Seu filho é uma criatura de pactos. O coração é a fonte da vida. Abordar o coração de forma não bíblica agita a corrupção do coração idólatra da criança e fornece-lhe ídolos funcionais em redor dos quais a criança organizará sua vida. Neste sentido, qualquer modo de agir atinge o coração. Quando afirmo que o coração não é atingido, significa que o coração não é atingido biblicamente.

Há um outro problema: quando se aborda apenas o comportamento, nunca se chega à cruz de Cristo. É impossível chegar ao evangelho trilhando o caminho da preocupação com o comportamento. O evangelho não é uma mensagem sobre fazer coisas novas. O evangelho é uma mensagem sobre como ser uma nova criatura. Ele fala às pessoas, como pecadores imperfeitos, decaídos, que têm necessidade de um novo coração. Deus nos deu seu Filho, a fim de fazer-nos novas criaturas. Deus realiza cirurgia de coração, não cirurgia plástica facial. Ele produz mudança de dentro para fora; rejeita o homem falso que jejua duas vezes por semana, mas aceita o pecador que clama por misericórdia.

Vamos imaginar que você está lidando com o problema da falha de uma criança em fazer seu dever de casa.

- *Abordagem de suborno*: "Faça seu dever toda a semana, e vou levá-lo ao jogo de futebol".
- *Abordagem emocional*: "Por favor, faça seu dever. Sinto-me tão mal quando não o faz. Tenho vontade de chorar e fico pensando onde foi que eu errei". Ou: "Investi muito em sua educação, e você está me fazendo sentir que desperdicei meu dinheiro".
- *Abordagem punitiva:* "Você não fez seu dever; portanto, nada de TV por uma semana. Se falhar novamente amanhã, nada de TV por duas semanas".
- *Mudança de comportamento*: "Em cada dia que você fizer a tarefa, colocarei no jarro um pedaço de papel com seu nome".
- *Abordagem do tipo "não acabei tão mal"*: "Quando não fazia meu dever, meu pai me batia. Isto não me fez mal, aprendi a fazer meu dever". Ou talvez: "Quando não fazia meu dever, ele me deixava sozinho e, mais cedo ou mais tarde, aprendi a minha lição: o problema é seu e não meu".

O que cada método alcançou? Espera-se que cada um tenha resultado em conseguir que a criança fizesse seu trabalho. A questão é esta: como partir de qualquer uma destas abordagens a fim de chegar à verdade preciosa e geradora de vida, que nos revela Deus como aquele que enviou seu Filho para libertar o povo do pecado? As abordagens acima não levam à mensagem do evangelho. O coração está sendo treinado, mas está sendo treinado para afastar-se de Cristo e de sua cruz.

O desenvolvimento do caráter é ignorado. A ênfase está em conseguir que a criança faça o dever escolar. A criança não está sendo treinada a tomar decisões éticas, como pessoa responsável em uma vida de reverência a Deus. Ela está aprendendo a pular por dentro de "círculos flamejantes" para evitar seu desprazer. Está aprendendo a fazer escolhas baseada na conveniência, em vez de fundamentar-se no princípio.

Há outro efeito devastador nestes métodos de abordagem a respeito da disciplina: produzem distância entre pai e filho. Os filhos logo percebem a manipulação implícita e explícita. Eventualmente, ressentem-se das rudes tentativas de controle de seu comportamento. Aprendem a brincar de gato e rato com você, mas a profundidade no relacionamento e na comunicação é perdida. Ao crescerem e começarem a viver independentes de mamãe e papai, tornam-se mais resistentes à manipulação e, talvez, até mais abertamente rebeldes.

Até as aparentes histórias de sucesso na educação de filhos não bíblica são enganosas. Talvez você tenha visto nestas ilustrações sua maneira de educar. Talvez seja um daqueles que diz: "Não acabei tão mal". Talvez você nunca tenha abertamente se rebelado contra seus pais. É possível que seja como uma amiga de minha família. Ela nunca teve problema em se adaptar ao seu mundo. Formou-se na universidade, conseguiu seu diploma, casou-se e tem filhos. À distância, ela não parece tão problemática, mas conhece seus conflitos internos sobre si mesma que a deixam sofrer dúvidas. Experimenta o que é viver com o temor dos homens; por isso, adora a aprovação. Ela nunca foi ensinada a entender seu comportamento em termos das atitudes do coração. Por isso, tem dificuldade de deixar seus problemas para experimentar uma vida próxima a Cristo. A vida cristã não faz sentido para ela. Embora nunca tenha ido a um psicólogo ou mostrado-se aos outros como uma destroçada, ela foi devastada por uma educação não bíblica recebida de seus pais e pela interação idólatra de seu coração com aquelas aborgagens não bíblicas. Lembre-se: Deus não está apenas preocupado com o "que" da educação; está preocupado também com o "como". A Bíblia fala sobre questões de metodologia. Que direção a Bíblia nos dá para lidarmos com estas questões? O próximo capítulo trata desse assunto.

APLICAÇÃO PRÁTICA

1. Você já pensou profundamente sobre o que você está fazendo como pai ou mãe? Você já sujeitou à crítica bíblica as coisas que você diz e faz em reação a seu filho?
2. Dos métodos não bíblicos citados acima, quais você já usou? Você pode acrescentar àquela lista uma outra abordagem não bíblica, qualquer, utilizada na disciplina e correção dos filhos?
3. O que está errado com estas abordagens não bíblicas? Explique com suas próprias palavras.
4. Como você defende esta afirmativa: o comportamento de meu filho não é o problema, a raiz da questão é o coração dele?

5. Você poderia colocar o título nesta figura e relacioná-la à ideia central deste capítulo?

6. Você poderia resumir o ponto principal deste capítulo em uma só frase?

Capítulo 8

Adotando métodos bíblicos: Comunicação

Os vendedores se cansam da comida de restaurante. Meu pai entendia isto, por isso frequentemente trazia vendedores para jantar em casa.

Em uma destas noites, quando nós, crianças, hesitávamos em obedecer, papai lembrou-nos de nosso dever ao perguntar: O que diz Efésios 6.1? Mentalmente recitávamos: "Filhos, obedecei a vossos pais no Senhor, pois isto é justo", e prosseguíamos em nossa tarefa.

O poderoso efeito que esta pergunta teve sobre nós impressionou o nosso convidado. Ele estava certo de haver encontrado um novo método de fazer as crianças obedecerem. Ao final da visita, não pôde mais conter sua curiosidade.

"Por falar nisso", ele finalmente perguntou, "o que diz Efésios 6.1? Gostaria de ensinar aos meus filhos".

Como muitos pais, o amigo de meu pai queria um método eficaz para lidar com seus filhos. Pensou que talvez o método de Efésios 6.1 funcionaria com suas crianças.

Se rejeitarmos os métodos avaliados brevemente, no capítulo anterior, o que, então, deveremos fazer? Que luz a Palavra de Deus derrama sobre nossa abordagem da educação de filhos? A Palavra de Deus precisa informar não apenas os nossos objetivos, mas também os nossos métodos.

Métodos e objetivos deveriam ser complementares. Você quer que seu filho viva para a glória de Deus. Você deseja que seu filho entenda que a vida que vale a pena viver é aquela sob o senhorio de Jesus Cristo. Seus métodos devem mostrar submissão a esse Senhor. Métodos designados somente para produzir crianças bem-ajustadas e bem-sucedidas não funcionam, porque seu objetivo não é simplesmente sucesso e bom ajustamento.

Uma abordagem bíblica a respeito de criar filhos envolve dois elementos que devem ser entretecidos juntos. Um elemento é a comunicação ampla e plena. O outro é a vara. No livro de Provérbios, encontramos estes dois métodos, lado a lado.

> Não retires da criança a disciplina,
> pois, se a fustigares com a vara, não morrerá.
> Tu a fustigarás com a vara e livrarás a sua alma do inferno.
> Filho meu, se o teu coração for sábio,
> alegrar-se-á também o meu;
> exultará o meu íntimo,

quando os teus lábios falarem cousas retas.
Não tenha o teu coração inveja dos pecadores; antes, no temor do SENHOR perseverarás todo dia.
Porque deveras haverá bom futuro; não será frustrada a tua esperança.
Ouve, filho meu, e sê sábio;
guia retamente no caminho o teu coração.
(Provérbios 23.13-19)

Ouve a teu pai, que te gerou,
e não desprezes a tua mãe, quando vier a envelhecer.
(Provérbios 23.22)

Dá-me, filho meu, o teu coração, e os teus olhos se agradem dos meus caminhos.
(Provérbios 23.26)

Estas passagens unem a vara e a comunicação abundante. Salomão casa a comunicação extensiva com o uso da vara. Ambas são essenciais na criação bíblica de filhos. Juntas, formam uma abordagem que agrada a Deus, que é espiritualmente satisfatória, coesa e unificada para disciplina, correção e treinamento das crianças. O uso da vara preserva, enraizada biblicamente, a autoridade dos pais. Deus outorgou autoridade aos pais, ao chamá-los para agir como seus agentes, na educação dos filhos. A ênfase na comunicação abundante anula a disciplina fria e tirânica. Fornece um contexto para a comunicação honesta, contexto esse em que a criança pode ser conhecida e aprende a conhecer-se. Ela tende a tornar-se sensível, evitando o sentimento de mágoa e o melindre.

A vara e a comunicação devem ser sempre entretecidas no verdadeiro pastoreio dos filhos. Para fins de estudo, vamos separá-las. Primeiro, veremos a comunicação e, depois, a vara.

COMUNICAÇÃO

Eis o resumo de uma conversa recente que tive com um pai:

– Fale-me sobre sua comunicação com seu filho, pedi.
– Oh! Comunicamo-nos bem, – ele respondeu – ontem à noite ele me disse que queria uma bicicleta, e eu lhe disse para comer o seu feijão.

O comentário trouxe um sorriso aos meus lábios, mas refleti sobre isso e percebi que era provavelmente uma descrição precisa da comunicação entre a maioria dos pais e seus filhos. A mamãe e o papai dizem aos filhos o que fazer. As crianças falam aos pais a respeito de seus desejos e sonhos.

DIÁLOGO, NÃO MONÓLOGO

Tendemos a pensar em comunicação como a habilidade de nos expressarmos. Assim, conceituamos a comunicação como "nós falando *aos* nossos filhos". Em vez disso, deveríamos procurar "falar *com os* nossos filhos". Comunicação não é monólogo; comunicação é diálogo.

Não é apenas a habilidade para falar, mas também a habilidade para ouvir. Provérbios 18.2 fala a este respeito com penetrante perspicácia: *"O insensato não tem prazer no entendimento, senão em externar o seu interior".* Provérbios 18.13 relembra-nos que *"responder antes de ouvir é estultícia e vergonha".*

A mais sublime arte na comunicação não é aprender como expressar seus pensamentos; é a arte de aprender como extrair os pensamentos de outrem. Seu objetivo na comunicação deve ser entender seu filho, não simplesmente fazer com que seu filho o entenda. Muitos pais nunca aprendem estas habilidades. Nunca descobrem como ajudar seus filhos a articularem seus pensamentos e sentimentos.

Há uma certa ironia em tudo isto. Quando as crianças são pequenas, frequentemente deixamos de engajá-las em uma conversação significativa. Quando elas tentam engajar-nos, respondemos com desinteressados "hum-hum". Eventualmente, elas aprendem as manhas. Entendem que não estamos interessados no que acontece dentro delas. Aprendem que uma "boa conversa" para nós é, para elas, um "bom ouvir". Quando se tornam adolescentes, o jogo vira. Os pais desejam engajar seus adolescentes em um diálogo, mas os adolescentes desistiram do diálogo há muito tempo.

Cristina é um bom exemplo. Seus pais trouxeram-na para um aconselhamento. Disseram que era introvertida. Sabiam que estava com problemas, mas ela não falava com eles. Sua mãe gritava muito. A comunicação era limitada a períodos de atividade vulcânica. De tempo em tempo, enquanto saltavam as lavas, Cristina aprendeu a esconder-se. Seu pai era uma pessoa fechada, distante. Ele raramente se envolvia com alguém em uma conversa. Cristina, aos quatorze anos de idade, está agitada e turbulenta no íntimo, mas nunca teve o benefício do envolvimento compreensivo de seus pais. Com o aconselhamento bíblico ela está aprendendo a conversar, e mamãe e papai estão aprendendo a ajudá-la a expressar-se e, então, ouvir o que ela tem a dizer.

FOCO NA COMPREENSÃO

Seu primeiro objetivo, na correção, não deve ser dizer a seus filhos como se sente acerca do que eles fizeram ou disseram. Deve, antes, procurar entender o que está acontecendo dentro deles. A Escritura diz que é da abundância do coração que a boca fala; portanto, você deve levá-los a entenderem o que está acontecendo por dentro.

O importante na correção não é expressar seus sentimentos, sua ira ou mágoa; antes, é entender a natureza do conflito que seu filho está vivendo. O importante é entender o "porquê" do que foi feito ou dito. Você precisa entender não apenas o que aconteceu, mas o que está acontecendo dentro de seu filho. Lembre-se: é da abundância do coração que a boca fala. Suas perguntas ao corrigir são estas: Qual é o conteúdo específico da abundância de seu coração, nesta circunstância? Qual foi a tentação? Como ele reagiu a essa tentação?

Se puder entender e ajudar seu filho a entender estas questões, você estará a caminho de entender o "porquê" do acontecimento. Você precisa ir além do comportamento e discernir o mundo interior de seu filho, nesta situação. Embora nunca se possa entender as questões do coração infalivelmente, esta é uma investigação cujo esforço vale a pena.

Imagine a cena: seu filho está colocando os tênis novos. Você sabia, ontem à tarde, quando os comprou, que o menino não estava realmente muito feliz com aqueles tênis, mas eram os que você podia comprar. Agora, enquanto se prepara para ir à escola, ele está chorando. Como lidar com a situação? Se o seu objetivo é fazê-lo saber como você se sente, pode dizer-lhe algo assim:

– Olhe, sei que você não gosta dos tênis, mas era este que eu podia pagar. Não reaja como um bebê chorão. O que o Paulo diria, se lhe dissesse que você está chorando por causa de uma coisa dessas. Afinal, os tênis vão ficar gastos, e, dentro de alguns dias, ninguém vai saber como eram. Por que você se importa com o que aqueles garotos vão pensar dos seus tênis? Quem disse que eles são especialistas no assunto? Você deveria ser grato simplesmente por ter um par de tênis. Esses tênis, que você não gosta, custam mais do que o meu primeiro carro. Olhe, tenho de ir para o trabalho. Tenho coisas mais importantes com que me preocupar do que com um par de tênis..."

Porém, se o seu objetivo principal é entender os conflitos interiores do seu filho, poderia ter uma conversa assim:

– Você está chateado por causa dos seus tênis, não está?
– Estou.
– Percebi que você não tinha gostado deles, quando o compramos, ontem à tarde. Você não quis me dizer, não é?
– É.
– O que você não gosta neles?
– Eles são estranhos.
– Eu não entendo o que quer dizer.
– O Paulo disse que eles são feios.
– Quando foi que ele os viu? Nós só o compramos ontem à tarde.
– O Luís comprou um par destes, e o Paulo disse que ele parecia um "duda".
– O que é um "duda"? Ah! Deixa para lá. O que se parece com um "duda" neste tênis?
– Esta tira vermelha, atrás. Eles não põem tiras vermelhas nos novos. Estes são sapatos do ano passado; por isso, foram baratos.
– Ah! Entendo; você está com receio de que eles o chamem de "duda", certo?
– É.
– Isso dói mesmo, não é?
– É. Isso me deixa com raiva. Não sei por que eles têm de se importar com os meus tênis, mas sei que eles vão me chamar de "duda".

O que você está aprendendo? Seu filho está lutando com sentimentos já experimentados por você. Há uma pressão real lá fora, na classe do terceiro ano. Ele está sofrendo a pressão de ser aprovado por seus colegas. Esta circunstância está trazendo à tona as esperanças e os temores do seu coração.

O objetivo de sua comunicação pode ser descrito em várias proposições simples:

1. O comportamento que você vê é um reflexo do que existe no coração do seu filho.
2. Você deseja entender o conteúdo específico do coração dele.
3. As questões internas do coração são de maior valor do que as questões específicas do comportamento, visto que provocam o comportamento.

Resumindo: Você quer entender os conflitos interiores de seu filho. Precisa olhar para o mundo através dos olhos dele. Isto permitirá que conheça quais aspectos da mensagem de vida do evangelho se fazem adequados a esta conversa.

Para entender seu filho e ajudá-lo a compreender a si mesmo, existem habilidades a serem desenvolvidas. Você deve aprender a ajudar seus filhos a se expressarem. Precisa aprender a facilitar a conversação. Necessita saber como perceber o que existe por detrás do comportamento e das palavras. Deve buscar a sabedoria para discernir questões do coração. Provérbios 20.5 diz: "Como águas profundas, são os propósitos do coração do homem, mas o homem de inteligência sabe descobri-los". Para cumprir nossa tarefa de pais, precisamos buscar a sabedoria.

Esta é uma oportunidade maravilhosa para ser utilizada lado a lado com nossos filhos. Quando você aprende sobre seus conflitos internos com o pecado, então está no caminho certo. Você, assim como eles, é um pecador. Portanto, pode usar seu conhecimento da natureza da tentação, a fim de ajudá-los a entenderem suas próprias tentações.

Em qual das conversas exemplificadas acima a criança se considerará compreendida? Em que conversa pode o evangelho ser mais poderosamente apresentado? As respostas são óbvias.

Isto implicará no desenvolvimento de habilidade em explorar o coração. A maioria dos pais já teve com seus filhos uma conversa semelhante a esta:

Mamãe: – Por que você bateu na sua irmã?

Júnior: (pausando, olhando para o chão) – Não sei.

Mamãe: (exasperada) – O que você quer dizer com "não sei"?

Júnior: – Não sei.

E assim vai. Se a mamãe é do tipo "pavio curto", será melhor para o Júnior começar a saber alguma coisa com urgência! Qual é o problema aqui? O Júnior está simplesmente se recusando a falar? Provavelmente, não. Ele está simplesmente sendo questionado sobre o que não sabe responder. Ele não tem a profundidade de entendimento e de autorreflexão que o capacite a responder inteligentemente às perguntas de sua mãe. Ele precisa que as perguntas sejam formuladas de uma maneira diferente.

O "Por que você...", como forma de questionamento, não funciona com as crianças (e raramente com os adultos). Sugiro algumas perguntas produtivas:

1. O que você estava sentindo, quando bateu em sua irmã?
2. O que sua irmã tinha feito para deixá-lo com raiva?
3. Ajude-me a entender por que bater nela iria fazer as coisas melhorarem.
   Ou, talvez: Como foi que a briga tornou-se pior depois que você bateu nela?
4. O que ela fez contra você? (Não é necessário negar o fato de que seu filho também sofreu com o pecado de alguém. É óbvio; se ele foi atingido pelo pecado de outro, deixe que lhe fale sobre isso.)
5. De que outra maneira você poderia ter reagido?
6. Como você acha que a sua reação mostrou confiança em Deus como aquele que cuida de você?

Cada resposta a estas perguntas pode abrir outros caminhos de investigação, para entender o que estava por detrás do comportamento do Júnior.

Assim, existem muitas perguntas diferentes que se dirigem ao pecado da criança e que ajudam os pais a entender os conflitos espirituais do coração de seu filho, em relação a Deus e sua necessidade de graça e redenção em Cristo. Insisto neste ponto: você precisa esforçar-se por entender a natureza do conflito interno que foi expresso no comportamento; por exemplo, quando Júnior bateu em sua irmã.

Enquanto a criança responde às perguntas, seu papel é ajudá-la a entender a si mesma e incentivá-la a falar com clareza e honestidade sobre seus conflitos internos com o pecado.

Há três questões que você deve examinar juntamente com seu filho: (1) a natureza da tentação, (2) as possíveis reações de qualquer pessoa à tentação e (3) as próprias reações dele à tentação.

Neste processo, você está tanto acima quanto ao lado dele. Está acima, porque Deus lhe chamou a exercer um papel de disciplina e correção. Está ao lado, porque também é um pecador que luta com a ira contra os outros. Os pais tendem a assumir um ou outro lado. Alguns assumem tanta solidariedade com a criança, em sua falha (como posso corrigi-lo, se tenho os mesmos sentimentos?), que deixam de corrigi-los. Outros, posicionam-se tão acima que são hipocritamente distanciados de seus filhos. Lembre-se de que você interage com seus filhos como agente de Deus. Portanto, tem o direito e a obrigação de censurar o mal. Deve fazê-lo como um pecador, ao lado deles, sendo capaz de entender como o pecado funciona no coração humano. Portanto, a correção deve ser feita com humildade de coração.

Tendo visto a importância da comunicação como um dos métodos bíblicos de criação de filhos, no próximo capítulo, nos voltaremos a uma descrição dos vários tipos de comunicação descritas na Escritura.

APLICAÇÃO PRÁTICA

1. Como você incentiva a comunicação de seus filhos, no sentido deles se expressarem?
2. Qual deveria ser seu primeiro objetivo na comunicação, ao reagir a um problema com seus filhos?
3. Cite cinco ou seis boas perguntas, a fim de extrair de seu filho o que ele está pensando ou sentindo?
4. Que mudanças você teria de fazer em seu estilo de conversação se quisesse ter uma conversa como a do segundo exemplo, que fala da compra do tênis?
5. Expresse em suas próprias palavras o significado desta frase: "No processo de ajudar seu filho a entender o pecado, você fica tanto acima quanto ao lado dele".
6. Você entende a distinção feita neste capítulo entre o "que" e o "porquê" do comportamento?

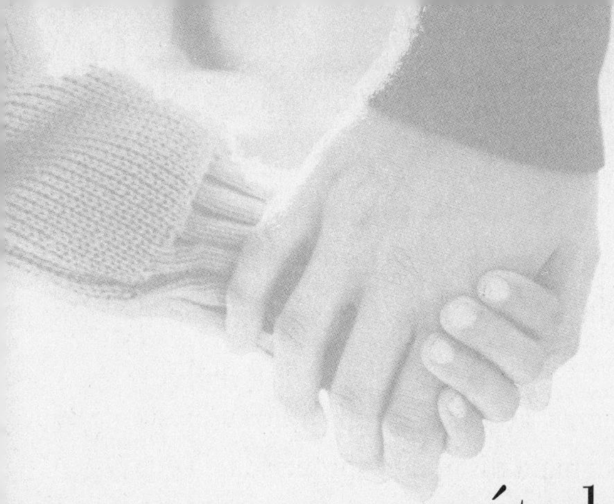

Capítulo 9

Adotando métodos bíblicos: Tipos de comunicação

Geralmente, reduzimos a criação de filhos a estes três elementos: regras, correção e disciplina. Isto poderia ser retratado assim:

> **REGRAS**
> **CORREÇÃO**
> **DISCIPLINA**

Fig. 4 - Comunicação

Funciona desta forma: você dita as regras aos seus filhos. A fase da correção vem quando ele quebra as regras. Na fase da punição, você anuncia o preço que vão pagar por quebrarem as regras. Toda família precisa de regras, correção e disciplina; mas, para muitos, esta é toda a extensão da comunicação.

Neste capítulo, discutiremos uma rica dimensão de comunicação, que deve dar sustentação a tudo o que você diz ao esclarecer as regras, ao chamar seus filhos a prestação de contas e ao designar a disciplina apropriada. O quadro deve ser este:

REGRAS CORREÇÃO DISCIPLINA
Encorajamento
Correção
Repreensão
Apelo
Instrução
Aviso
Ensino
Admoestação
Mostrar "benefícios"
Obediência

Fig. 5 - Comunicação

Em muitas ocasiões, perguntei a grupos de pais que porção de sua comunicação, aos filhos, era feita através de regras, correção e punição, em vez de através destas mais ricas formas de comunicação. A maioria dos pais rapidamente reconheceu que oitenta a noventa por cento de sua comunicação consiste em regras, correção e punição.

TIPOS DE COMUNICAÇÃO

A comunicação deve ser multiforme, abundante e rica em textura. Necessita incluir encorajamento, correção, repreensão, apelo, instrução, aviso, compreensão, ensino e oração. Todos estes fatores precisam fazer parte da sua interação com seus filhos.

Paulo instrui-nos a modificar o modo de falar, a fim de adequá-lo à necessidade do momento. "Exortamo-vos, também, irmãos, a que admoesteis os insubmissos, consoleis os desanimados, ampareis os fracos e sejais longânimos para com todos" (1 Tessalonicenses 5.14). Ele mostra que as diferentes condições do ouvinte exigem formas de falar diferenciadas. Causamos grande dano quando deixamos de discernir que tipo de comunicação é apropriada ao momento.

Lembro-me de ter errado em repreender agudamente um de meus filhos por estar com má aparência. Ele tinha 8 anos. Parecia-me que sempre estava desarrumado. Eu não estava errado por falar com ele sobre sua aparência. Mas errei ao repreendê-lo quando, realmente, ele precisava de instrução. Ele não estava se rebelando, nada tinha feito para merecer censura. Simplesmente, precisava de instrução paciente. Dias mais tarde, ao perceber que o havia magoado, tive de pedir-lhe perdão pela minha repreensão injusta.

Pensemos sobre algumas definições simples de comunicação.

ENCORAJAMENTO

As crianças precisam de comunicação que inspire e tornem-nas cheias de esperança e de coragem. Falei, um certo dia, com um adolescente que acabara de irar-se contra seus colegas. Após acalmar-se, pôde falar racionalmente. "Não adianta", disse ele, "simplesmente eu não deveria participar daquele jogo. Toda vez que o faço, alguém me deixa com raiva e acontece isto". Esta não era, obviamente, uma oportunidade para o repreender. Este rapaz sabia que estava errado. Tinha um senso de sua incapacidade de mudar as características fundamentais de sua personalidade. Precisava ser encorajado pelo fato que Cristo veio, porque somos pessoas pecadoras e necessitadas. A repreensão, ou mesmo a instrução, teria sido inadequada naquele momento.

Seus filhos conhecem a dor do fracasso. Eles, assim como você e eu, ocasionalmente olham sem esperança para as circunstâncias.

Você pode ajudá-los a avaliar as razões do desapontamento. É necessário ajudá-los a entender as promessas de Deus. Você pode impeli-los a encontrar coragem, esperança e inspiração em Deus, o qual está perto dos que têm o coração quebrantado e contrito.

CORREÇÃO

Às vezes, uma criança precisa ser trazida à conformidade com um padrão. A correção conserta algo errado. A correção dá a seus filhos entendimento do que está errado e do que pode ser feito para corrigir o problema. A correção ajuda seus filhos a entenderem os padrões de Deus e os ensina a avaliar seu comportamento em relação àquele padrão. 2 Timóteo 3.16-17 nos recorda que a correção é uma das funções da Palavra de Deus.

Minha esposa, Margy, certa noite conversava com nossa filha. Era uma dessas ocasiões em que o assunto que levou à conversa se tornara secundário, por causa do que estava acontecendo durante a conversa. Nossa filha estava praticando o jogo da correção como uma profissional. Concordava com tudo através de movimentos de cabeça e fazia todos os comentários necessários. Porém, a mãe sentiu que seu coração não estava ligado à sua cabeça. Margy testou sua suspeita, fazendo umas perguntas investigadoras e, rapidamente, entendeu a necessidade de corrigir Heather. Ela abordou a reação de Heather, nos termos de Provérbios 9, e o contraste entre a maneira que um zombador e uma pessoa sábia recebem a correção. Margy administrou a correção, ajudando Heather a entender o padrão de Deus e a avaliar seu modo de agir nos termos deste padrão. A resistência de Heather rapidamente derreteu-se em uma torrente de lágrimas. A conversa continuou produtivamente.

REPREENSÃO

A repreensão censura o comportamento. Às vezes, um filho tem de experimentar seu sentimento de alarme, choque e consternação acerca do que fez ou disse. Por exemplo, sempre ensinamos nossos filhos que há alguns limites necessários à liberdade de falar. Nunca deveríamos dizer às pessoas que as odiamos e lhes desejamos a morte ou o mal contra elas. Tais frases trariam dura repreensão. Diríamos, com evidente alarme e indignação: "É errado falar assim. Não quero que fale desse modo novamente". (A isto seguiria, é claro, outras formas de comunicação, tais como instrução, encorajamento e oração.)

APELO

Esta é uma comunicação séria e intensa. Envolve rogar, solicitar, instar e até implorar. No entanto, não é o pedir de um mendigo. Antes, é o forte apelo de um pai ou de uma mãe que entendendo seu filho, conhecendo os caminhos de Deus e percebendo o extremismo de um determinado momento, expõe a sua alma e roga-lhe que aja com sabedoria e fé. O apelo é uma forma especial de comunicação, para uso em caso de extrema importância.

Adquirimos entendimento sobre o apelo em Provérbios 23. Não podemos deixar de ouvir o ardente apelo, camuflado nas palavras de Provérbios 23.26: "Dá-me, filho meu, o teu coração".

Tenho usado este tipo de comunicação ao falar com meus filhos sobre a importância de evitar os pecados sexuais, tais como a pornografia. Em diversas ocasiões, apelei a eles acerca do perigo de se exporem à impureza. Tenho falado sobre como o pecado sexual degrada a imagem de Deus no homem, impedindo que o homem respeite o nome de Deus como santo e glorioso. Tenho avisado que uma vida de desajuste sexual é um alto preço a se pagar por momentos passageiros de excitação. Mesclei meu apelo com encorajamento sobre as alegrias, conforme orienta a Bíblia, do sexo dentro do casamento, como portador de uma beleza que está além da descrição. (Você encontrará uma introdução a este assunto em Provérbios 5-7.) Obviamente, não tive conversas como esta todos os dias, mas apelos periódicos sobre questões importantes produzem bom fruto.

INSTRUÇÃO

A instrução é o processo de fornecer uma lição, um preceito ou uma informação que ajudará seus filhos a entenderem seu mundo. Sendo pai, você está lidando com pessoas jovens que têm uma grande lacuna em seu entendimento sobre a vida. Eles precisam de informação acerca de si mesmos e dos outros. Têm necessidade de entender o mundo da realidade espiritual e os princípios do reino de Deus.

Seus filhos precisam de um referencial pelo qual possam entender a vida. Provérbios de Salomão são uma rica fonte de informação sobre a vida. O filho que começa a entender, em Provérbios, a descrição do tolo, do preguiçoso, do sábio, do zombador, *etc.* desenvolverá o discernimento sobre a vida.

Maravilhei-me ao ver meus filhos interagirem com sua experiência, enquanto cursavam o Ensino Médio, a uma profundidade de entendimento e percepção, que eu mesmo nunca conheci quando cursei o mesmo período escolar. Eles têm sido capazes de avaliar suas reações em formas que eu não pude fazer até bem próximo de meus vinte e cinco anos. A razão? A instrução nos caminhos de Deus tem lhes fornecido a sabedoria bíblica. É isto que fala o Salmo 119.

> Os teus mandamentos me fazem mais sábio que os meus inimigos; porque, aqueles, eu os tenho sempre comigo.
> Compreendo mais do que todos os meus mestres, porque medito nos teus testemunhos.
> Sou mais prudente que os idosos, porque guardo os teus preceitos.
> (Salmo 119.98-100)

> Por meio dos teus preceitos, consigo entendimento; por isso, detesto todo caminho de falsidade.
> (Salmo 119.104)

AVISO

As vidas de seus filhos estão rodeadas de perigos. Os avisos nos colocam em guarda contra um provável perigo. O aviso é um tipo de conversa misericordiosa, pois é o equivalente a se colocar uma placa próxima a uma ponte caída, informando ao motorista sobre o perigo. Um aviso fielmente nos alerta do perigo, enquanto ainda é tempo de escapar sem danos. Um pai que se mantém alerta, pode capacitar seu filho a escapar do perigo e a aprender durante o processo. O aviso preserva.

Os seguintes Provérbios contêm avisos aos sábios e aos de discernimento:

A mão diligente dominará, mas a remissa será sujeita a trabalhos forçados (12.24).

Pobreza e afronta sobrevêm ao que rejeita a instrução, mas o que guarda a repreensão será honrado (13.18).

Em todo trabalho há proveito; meras palavras, porém, levam à penúria" (14.23).

A resposta branda desvia o furor, mas a palavra dura suscita a ira (15.1).

A soberba precede a ruína, e a altivez do espírito, a queda (16.18).

O que ama a contenda ama o pecado; o que faz alta a sua porta facilita a própria queda (17.19).

A preguiça faz cair em profundo sono, e o ocioso vem a padecer fome (19.15).

Esta é apenas uma lista sugestiva dos avisos de Provérbios.

Um dos modos mais poderosos de alertar nossos filhos é encher suas mentes com avisos da Bíblia.

Como funcionam os avisos? Um aviso é simplesmente uma frase esclarecendo que a atitude "A" conduz à consequência "B". Por exemplo, a preguiça leva à escravidão. A pessoa preguiçosa acaba em alguma forma de servidão.

O aviso é uma aplicação do princípio do semear e colher, o qual vemos constantemente citado na Escritura. Avisar seus filhos não é uma questão de recitar ditados populares a eles, quando estão saindo de casa e indo a algum lugar. Mas, sim, fazê-los conhecer o princípio do semear e colher, tal como é encontrado na Escritura. Avisar é gastar tempo ajudando-os a entenderem as muitas frases do tipo "A conduz a B", descritas na Escritura.

Eventualmente, eles começarão a entender e a adotar estes bons procedimentos. Uma vez que seus filhos comecem a internalizar estas verdades, suas atitudes e comportamento serão poderosamente influenciados.

Nossa filha passou seus primeiros anos escolares em uma pequena escola cristã. No segundo grau, ela teve de ir para uma escola pública em nossa comunidade. Quando a deixamos na escola, no primeiro dia, sentimos um nó em nossas gargantas. Enquanto a víamos ultrapassar as portas desta grande escola, sabíamos que não conhecia ninguém.

Nos dias que se seguiram, foram os avisos e encorajamentos de Provérbios que a capacitaram a formar boas amizades. Provérbios (14.7) avisa sobre os tolos e nos instrui a permanecermos afastados deles. Também, identifica os tolos. O tolo mostra sua tolice imediatamente (12.16). Quem espalha a difamação é um tolo (10.18). Estes e muitos outros avisos são base para a sábia discriminação ao formar amizades. Embora nunca tivesse estudado em uma escola grande, as Escrituras a prepararam para fazer escolhas sábias.

Na prática, como funciona este processo? Houve conversas como esta;

– Oi, você é a nova aluna, não é? Qual é o seu nome?
– Heather.
– Eu sou Tina. Vamos comer o lanche juntas. Vou contar-lhe tudo sobre esta escola. Você está vendo aquela garota... aquela vindo para cá. Ela é Cristina. É muito popular. Ela se acha a maior, porque tem roupas bonitas e seu namorado é jogador de *vôlei*. Eu não a suporto... Ah! Oi, Cristina, esta é minha nova amiga, Heather.

O que Heather está aprendendo? Que Tina é uma "fofoqueira". Embora tenha quebrado o gelo com Heather, não é alguém em quem Heather possa confiar. O entendimento de Provérbios preparou Heather para fazer uma avaliação, com discernimento, acerca daquela mocinha. Os avisos que havia recebido, e internalizado como parte do seu sistema de valores, deram-lhe discernimento.

ENSINO

O ensino é o processo de partilhar conhecimento. Ensinar é fazer alguém conhecer algo. Às vezes, o ensino acontece antes que se precise dele. Com frequência, é realizado mais poderosamente após um fracasso ou problema. Sendo um pai temente a Deus, você tem muito a partilhar. Ao extrair o conhecimento da Escritura, você pode ensinar seu filho a entender a si mesmo, os outros, a vida, a revelação de Deus e o mundo. É necessário partilhar ativamente o conhecimento com os seus filhos.

ORAÇÃO

Embora a oração não seja comunicação com seus filhos, mas com Deus, ela é, no entanto, um elemento essencial de comunicação entre o pai e o filho. Frequentemente uma penetrante percepção a respeito dos filhos acontece enquanto eles oram. Entender o que oram e como oram é sempre uma janela para suas almas. Do mesmo modo, a oração do pai fornece instrução e entendimento à criança. Não estou sugerindo que você ore para que a criança se favoreça disso; mas reconheça que, ao ouvir sua oração, seu filho receberá a comunicação da sua fé em Deus.

RESUMO

Este é o ponto: sua comunicação com seus filhos tomará muitas formas. As ricas e sutis nuanças de cada forma de comunicação descritas acima podem ser refletidas na comunicação com seus filhos.

Cada um dos elementos dessa lista sugestiva (mas de forma alguma exaustiva) será entretecido um no outro, a fim de fornecer uma rica tapeçaria de comunicação.

Por exemplo, você pode apelar a seu filho de uma forma que avisa ou de uma forma que encoraja. Ou você pode instruir de uma maneira que repreende ou que orienta. Os elementos da comunicação podem ser entretecidos de muitas formas.

APLICAÇÃO PRÁTICA

1. Em que proporção a sua comunicação se restringe ao bloco superior da figura 5?
2. Quando tem problemas em casa, você procura resolvê-los com um novo conjunto de regras e punições ou com formas de comunicação mais ricas?
3. Faça um esboço de como você falaria ao seu adolescente que, aparentemente, tirou algum dinheiro de sua carteira, mas não admite ter sido ele?
4. Quais são as questões de "qualidade no relacionamento" que devem ser consideradas se você deseja ser capaz de apelar a seu filho de modo cativante?
5. Como você encorajaria seu filho se ele tivesse fracassado miseravelmente, mas parecesse genuinamente desejar a ajuda de Deus.
6. Dos tipos de comunicação mencionados neste capítulo, em quais você é mais competente? Em quais você é menos competente?
7. Em última análise, a comunicação é um reflexo do coração.

    "O homem bom do bom tesouro do coração tira o bem, e o mau do mau tesouro tira o mal; porque a boca fala do que está cheio o coração" (Lucas 6.45).

    Das questões que "o coração está cheio" quais causam impacto em sua habilidade de comunicar eficazmente?

Capítulo 10

Adotando métodos bíblicos: Uma vida de comunicação

Em 1978, nossa família construiu uma casa. Enquanto trabalhávamos, falávamos de coisas que faríamos quando terminássemos de construir a casa. Nos anos seguintes, fizemos uma ampliação, reformamos o banheiro e a cozinha; e estamos nos preparando para mais uma ampliação. Não falamos mais em terminar a casa. Entendemos que sempre estaremos readaptando nossa casa. Sempre haverá uma melhoria a ser feita.

Construir nossa casa tornou-se mais do que um evento em nossa vida familiar, tornou-se um estilo de vida! A comunicação é assim.

UMA VIDA DE COMUNICAÇÃO

A comunicação não apenas disciplina, ela também discípula; pastoreia o coração dos filhos nos caminhos de Deus.

Como o ensino de Deuteronômio 6, esta comunicação ocorre ao deitar, ao acordar, ao levantar, ao andar, ao sentar. Frequentemente, os pais estão muito ocupados para falar, a menos que algo esteja errado. Um hábito regular de conversação juntos prepara o caminho para se conversar em situações de pressão. Você nunca terá os corações de seus filhos se conversar com eles somente quando algo der errado.

PASTOREANDO O CORAÇÃO

Tenho usado os termos "pastoreando o coração" para abranger o processo de guiar nossos filhos. Isso significa ajudá-los a entenderem a si mesmos, o mundo de Deus, os caminhos de Deus, como o pecado funciona no coração humano e como o evangelho os alcança nos níveis mais profundos da necessidade humana. Pastorear os corações dos filhos também implica em ajudá-los a entenderem suas motivações, objetivos, vontades, anseios e desejos. Isso expõe a natureza da realidade e os encoraja à fé no Senhor Jesus Cristo. Empreende-se o processo de pastorear através de comunicação abundante, rica e multiforme, tal como procuro esboçar neste livro. Os últimos capítulos adicionarão cor e textura ao que tem sido exposto brevemente nos capítulos anteriores.

AVALIANDO O CUSTO

A comunicação honesta, integral e verdadeiramente bíblica custa caro. Conversa perspicaz e profunda leva tempo. As crianças exigem tanto o tempo quanto a flexibilidade.

As crianças não derramam seu coração ou se expõe mediante uma entrevista agendada. Pais sábios começam uma conversação quando as crianças demonstram estarem dispostas a falar. De vez em quando, as crianças fazem uma pergunta, um comentário, revelam algum aspecto de seu coração. Nestas horas, quando estão prontas para falar, quando expressam algum interesse, quando sua consciência é acionada, você precisa falar. Isto pode exigir largar tudo o mais e aproveitar aquele momento estratégico.

É necessário tornar-se um bom ouvinte, senão perderá preciosas oportunidades se ouvir somente a metade do que seus filhos têm a dizer. A melhor maneira de treinar seus filhos a serem ouvintes ativos é ouvindo-os ativamente.

Algumas pessoas pensam que ouvir é o que se faz entre as oportunidades de dizer alguma coisa. Durante o tempo de ouvir, não ouvem de modo algum; estão pensando no que vão dizer. Não seja um pai desse tipo. O livro de Provérbios lembra que o tolo não tem prazer no entendimento, mas em expor sua própria opinião (Provérbios 18.2).

Com certeza, é difícil saber quando estar em silêncio e quando ouvir. Mas ninguém disse que ser pai ou mãe seria fácil. Trabalhe nisso. De vez em quando, pare e pense no que você ouviu. Pense, também, sobre o que você não ouviu. Parar e ouvir fornece tempo para acertar o foco e ser criativo na conversação.

A boa comunicação custa caro também em outras áreas. A energia física e espiritual que a conversa investigadora requer sempre parece excessiva. Os pais, às vezes, perdem valiosas oportunidades, por sentirem-se muito cansados para dar continuidade à conversa.

Começamos a experimentar esta dimensão física, quando nossos filhos se tornaram adolescentes. Tínhamos o hábito de colocá-los na cama cedo, à noite. Isso nos dava tempo para conversar. Mas com os adolescentes vieram as "vigílias". Não sei ao certo por que, mas as maiores oportunidades para a comunicação, com eles, vinham tarde da noite. O pai sábio fala quando seus filhos estão prontos para conversar!

A comunicação apropriada requer resistência mental. Você deve manter seus pensamentos em foco. Você deve evitar a tentação de falar de assuntos sem importância. As perguntas que não foram respondidas devem ser colocadas de maneiras novas e refrescantes.

É preciso trazer integridade à interação com os filhos. Você é responsável por modelar a dinâmica da vida cristã de seus filhos. É necessário deixá-los ver o vínculo de filiação entre Deus e você. É preciso mostrar-lhes que nos arrependemos diante de Deus. Reconheça suas alegrias e temores e como você encontra conforto em Deus. Compartilhe uma vida de arrependimento e gratidão. Reconheça seu próprio pecado e fraqueza. Admita quando estiver errado. Esteja preparado a buscar o perdão ao pecar contra seus filhos. O direito de fazer uma avaliação inquisitiva e honesta repousa na disposição de fazer o mesmo consigo.

Recentemente, um pai de três crianças relatou uma situação na qual havia pecado contra seu filho. Este pai falara cruelmente e batera em seu filho de uma forma abusiva. Parecia muito contristado por causa de seu pecado. Quando perguntei o que seu filho dissera, quando procurou ser perdoado, reconheceu que não havia pedido o perdão de seu filho. Este pai nunca terá comunicação aberta com seu filho, enquanto não estiver disposto a humilhar-se e a reconhecer o seu próprio pecado. Se não fizer isso, a tentativa de falar das coisas de Deus é uma falsidade.

CONTANDO AS BÊNÇÃOS

Nos negócios é comum fazer uma análise de custo *versus* benefício. O propósito de uma análise é verificar se os benefícios (em nosso caso, bênçãos) são suficientemente grandes para justificar o custo. Vamos, então, considerar algumas das reais bênçãos que nos levam a assumir estes custos.

RELACIONAMENTO PAI-FILHO

A comunicação plena, abundante, rica e multiforme é o vínculo que mantém unidos pai e filho. A comunicação fornecerá o contexto para uma crescente unidade com seus filhos. Estes sabem quando têm um relacionamento com pessoas sábias, que têm discernimento, que os conhecem e entendem, que os amam e têm compromisso com eles. Saberão se você conhece os caminhos de Deus, entende a vida e as pessoas do mundo e se está preparado para desenvolver um relacionamento de integridade e segurança. Haverá tempos de discordância e conflito, mas discordâncias podem ser resolvidas em um relacionamento de comunicação aberta.

As pressões dos anos de adolescência levam as crianças para longe de casa. Esta é a hora quando desenvolvem companheirismo com aqueles que os compreendem. Estão procurando por relacionamentos nos quais alguém os conheça, entenda e ame. Seus filhos não deveriam ter de sair de casa para isso. Você pode oferecer relacionamentos familiares nos quais seus filhos sintam-se compreendidos e aceitos.

A atração que as "más companhias" exercem não é uma razão para praticarmos o mal. A atração das "más companhias" é o companheirismo. Os filhos desejam ser conhecidos, entendidos, discipulados e amados.

Penso sobre a educação bíblica de filhos nos seguintes termos:

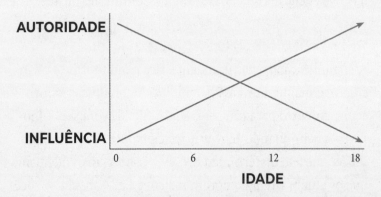

Fig. 6 - Autoridade / Influência contínua

Estou usando o termo autoridade com um significado um pouco diferente. Autoridade, neste caso, denota o que podemos realizar com nossos filhos, porque somos mais fortes, mais velozes, maiores, *etc.* O que os pais com filhos recém-nascidos podem realizar só por estarem no comando — eles são a autoridade — é simplesmente o máximo. Eles dão as cartas. O bebê pode chorar em protesto, mas a mãe e o pai têm a iniciativa. Mesmo a criança mais nova é de algum modo intimidada pelo tamanho. Os pais podem reforçar fisicamente o comando: — Eu lhe disse para sentar! - e colocam a criança na cadeira. A palavra do pai é lei, porque tem a capacidade física para fazer com que sua ordem seja cumprida.

À medida que a criança cresce, a habilidade de controlá-la dessa forma diminui. Quanto mais o Júnior cresce e se desenvolve física e mentalmente, mais diminui o que se pode realizar através da autoridade baseada na força física.

Imagine a cena: entro no quarto do meu filho de dezesseis anos, a fim de acordá-lo para ir à escola, e ele diz: "Não vou". O que eu faço? Embora eu tenha uma pequena vantagem de peso, ele é mais forte do que eu. Mesmo que eu pudesse lutar com ele e tirá-lo da cama; vesti-lo, apesar de seus protestos, e colocá-lo no ônibus escolar (tudo altamente duvidoso), o que eu teria realizado? Ele poderia descer do ônibus na próxima parada. E, se permanecesse no ônibus, eu não teria garantia de que ele assistiria à aula.

Sou grato por meu filho nunca ter feito isto, mas o meu argumento é este: não posso assegurar a obediência baseada em força física. Minha habilidade de exigir obediência, baseada na minha força física, está em decadência desde o dia em que ele nasceu.

Embora esteja limitado no que eu posso realizar, através do uso da autoridade baseada na força física, meu filho está voluntariamente sob minha influência.

Neste quadro, a influência representa a disposição do filho de se colocar debaixo da autoridade por causa da confiança. Esta confiança tem vários fatores. Os filhos confiam em você quando sabem que são amados e há comprometimento para com o bem deles, quando percebem que são compreendidos, quando têm consciência de que você conhece suas forças e fraquezas e reconhecem que você investiu sua vida no encorajamento, na correção, na repreensão, no apelo, na instrução, no aviso, no entendimento, no ensino e na oração. O filho confia em você quando sabe que, durante toda a vida dele, você buscou ver o mundo através de seus olhos e não tem procurado torná-lo igual a você ou a qualquer outra pessoa, mas tem se esforçado em ensiná-lo, como criatura de Deus – feita para conhecê-lo, a viver em um relacionamento de comunhão e comunicação com Deus, ou seja, ensinar-lhe a finalidade para a qual ele foi criado.

O resultado é obvio: suas palavras terão valor. Que filho fugiria de um relacionamento neste nível? Você tem influência sobre ele. A cada dia que você convive com seus filhos, cresce a sua influência. Os filhos aprendem sobre a vida, aprendem a confiar mais em seu pai e em sua mãe. Os pais orientam sobre os relacionamentos e dão sábias sugestões sobre como ser uma pessoa de Deus e enfrentar um mundo que requer conformidade. Eles se esforçam em praticar esse processo; e funciona, porque está baseado na sabedoria bíblica.

A cada dia de vida, as crianças crescem em entendimento sobre o cuidado e o amor com os quais seus pais as sustentam.

Imagine que eu fosse o conselheiro de maior confiança do presidente do país, e que ele nunca tome uma decisão ou faça qualquer coisa sem pedir a minha opinião. Quanta autoridade eu teria no governo? Nenhuma, pois eu não teria um cargo por eleição. Ninguém seria obrigado a me obedecer. Mas que influência eu teria? Muita, mais do que qualquer outra pessoa.

O engajamento de seus filhos na comunicação rica, abundante e plena descrita anteriormente, não somente os sustém, mas fornece a possibilidade de desenvolver um relacionamento de unidade e confiança com eles.

PREPARAÇÃO PARA OUTROS RELACIONAMENTOS

Seus filhos precisarão de habilidades de comunicação finamente aguçadas, adequadas a cada tipo de relacionamento que desenvolverão. Como trabalhadores, quer na posição de empregador ou de empregado, eles precisam entender os outros e expressar seus pensamentos. Como esposos e esposas, precisam das mesmas habilidades. Como consumidores, cidadãos, membros do corpo de Cristo ou pais – em todas as fases e circunstâncias da vida – eles devem aprender a falar com precisão e exatidão. Devem ter facilidade em ajudar os outros a se expressarem.

A comunicação é a arte de expressar, de forma santa, o que se tem no coração e de ouvir completamente, procurando entender o que o outro pensa e sente.

O lar é o lugar onde se desenvolve essas habilidades. Que grande vantagem a criança possui quando aprende a articular seus pensamentos e a entender os outros.

Todas as vezes que, carinhosamente, você extrai os mais profundos anseios, esperanças, pensamentos, ideias e desejos de seus filhos, você se torna um exemplo de como servir nesta importante área do relacionamento.

COMPREENSÃO PLENA DA VIDA

A comunicação sensível com seus filhos capacita-os a entenderem a complexidade da vida. Eles aprendem que a vida tem a ver tanto com o mundo dos sentimentos quanto com o das ideias. Isto significa entender a si e aos outros; significa ter uma visão em longo prazo, assim como objetivos em curto prazo. A comunicação sensível se interessa com "o que aconteceu" e também com o "porquê".

Este tipo de comunicação busca o desenvolvimento do caráter como mais importante do que a gratificação em curto prazo. Estas importantes questões da vida são expostas apenas pela comunicação bíblica. Quanto mais você conversa com seus filhos, ajudando-os a entenderem a si mesmos, suas tentações, temores e dúvidas, mais você os prepara para entenderem a vida no mundo.

REDENÇÃO INTEGRADA COM A VIDA

Toda esta comunicação dá aos filhos uma compreensão bíblica da humanidade. Dá-lhes uma melhor compreensão de si mesmos. Ajuda-os a entenderem o padrão de Deus. Aprendem que Deus é supremo. Esta compreensão fornece-lhes um referencial bíblico pelo qual podem entender a vida. Aprendem a ver que o problema da humanidade é o pecado. Todos pecamos e sofremos o pecado de outros. Somos tanto culpados quanto vítimas. Por esta razão, toda a vida precisa ser vista em termos da restauração redentora de Deus sobre o homem.

Eles têm a satisfação de suas necessidades mais profundas através do conhecer e amar a Deus, encontrando nele graça, poder e plenitude. Toda a vivência é realizada através do poder e da graça do evangelho. Cristo é relevante em todo lugar e em todas as coisas.

Desta forma, as crianças recebem um referencial pelo qual podem filtrar os eventos da vida, quando você não estiver lá para oferecer ensino e direção. São treinadas para se tornarem independentes e tomarem posição própria, sem o apoio paternal. Que melhor treinamento existe do que equipar seu filho para entender a vida através do referencial bíblico da redenção?

Os filhos podem ir à universidade e desenvolver relacionamentos de sustentação, tanto com seus colegas estudantes quanto com a comunidade cristã. Não deveríamos nos surpreender; eles, simplesmente, estão encontrando novos relacionamentos, tais como os que têm desfrutado em casa.

VALEM A PENA OS CUSTOS?
Sem dúvida, outros benefícios podem ser deduzidos. Os benefícios são grandes. E quanto ao custo? Todo pai deseja o melhor para seu filho.

Com toda certeza, estas coisas têm grande valor. O custo é grande: significa estar disponível e completamente engajado na arte de ser um pai ou uma mãe.

Há uma forma simples de saber o custo da comunicação profunda e plena: considerar a paternidade ou a maternidade como uma das tarefas mais importantes, enquanto se tem os filhos no lar, este é o seu chamado. É necessário criar os filhos no temor e na admoestação do Senhor. Não se pode conseguir isto sem investir a si mesmo em uma vida de comunicação sensível, através da qual se ajuda os filhos a entenderem a vida e o mundo de Deus. Não há nada mais importante. Você só tem uma breve parte da vida para investir a si mesmo nesta tarefa. Tem somente uma oportunidade de fazer isso. Não pode voltar atrás e refazer.

Vivemos em uma cultura em que há oportunidades de fazermos coisas nunca ouvidas na história. Diariamente, nos vemos diante de diversas oportunidades. Há muito mais do que poderíamos fazer. Portanto, devemos priorizar.

Para cumprir bem a tarefa de criar os filhos, esta deve ser considerada prioritária, ou seja, o seu chamado principal.

Ser pai ou mãe significará não poder fazer todas as coisas que poderia fazer se não criasse filhos. Isso ocasionará deficiência em sua atuação no campo de golfe, por exemplo. Poderá significar que a casa não parecerá com um quadro da *"Revista Casa Cláudia".* Poderá ter um impacto sobre sua carreira profissional ou sobre sua ascensão na escalada à liderança do clube de vizinhos na sua comunidade. Poderá alterar o tipo de amizades a serem escolhidas e a disponibilidade para desenvolvê-las. Certamente, influenciará no tempo de preparo para o exercício de um ministério. Modificará a sua quantidade de tempo para jogar boliche, caçar, ver televisão ou poderá determinar a quantidade de livros que você lê. Significará que você não pode estar disponível para todo o tipo de interesse que surge. Os custos são altos.

Como você pode contrabalançar o custo e os benefícios? Passei tempo com pais quebrantados. Tenho visto faces desgastadas de pais que conheceram a dor de coração de ver seus filhos fugirem de casa, por não terem sido envolvidos por seus pais na vida familiar. Também conheço o gozo de ouvir os filhos, que foram biblicamente envolvidos por seus pais, dizerem: "Pai, eu me alegro por ter sido completamente preparado para a vida. Sempre serei grato pelo que você e mamãe me deram".

Que etiqueta de preço você colocaria nestes testemunhos? Deus o chama a investir sua vida desta forma com seus filhos. Este tipo de comunicação não é apenas benéfico, é absolutamente necessário!

Esse é o caminho da bênção, por ser o caminho da obediência. Este tipo de comunicação custa caro? Sim! Não apenas por ser o caminho da obediência, mas por ser o caminho da bênção. Os benefícios, em muito, excedem o custo.

No início do capítulo 8, expus dois métodos de criação dos filhos — a comunicação e a vara. No próximo capítulo, veremos o lugar da vara na educação bíblica dos filhos.

APLICAÇÃO PRÁTICA

1. Descrevemos um tipo de comunicação. Se você tivesse esse tipo de comunicação com seus filhos, quais seriam os custos para você? Você está disposto a pagar o preço?
2. Como você ouve o que seu filho diz?
3. A confissão dos seus pecados, quando apropriada, é uma parte regular de sua comunicação com seus filhos?
4. Quais as questões de santificação que você teria de tratar, a fim de conduzir seus filhos nos caminhos prescritos neste capítulo?
5. Como você pode ajudar seus filhos a terem uma visão do tipo de comunicação esboçado neste capítulo?

Capítulo 11

Adotando métodos bíblicos: A vara

O apelo sincero, acentuado em cada sílaba, chamou minha atenção: "Querida, você ouviu o que a mamãe disse e não obedeceu à mamãe. Agora vou ter de lhe bater. Você sabe, querida, não estou com raiva de você, mas você tem de aprender a obedecer..."

O bebê estava mudo em face da correção, mas era apenas uma boneca. E a mamãe? A mamãe era Lauren, de quatro anos. Quem falava por detrás dela era, obviamente, sua mãe.

Lauren aprendeu a disciplinar bonecas através da disciplina que recebera de sua mãe. Lauren imita a mamãe. Sua mãe entende que Lauren possui habilidades não encontradas em bonecas. Ela sabe que o comportamento de Lauren tem uma dimensão moral. Lauren não é eticamente neutra.

O mau comportamento dela põe-na em conflito com a lei de Deus. O seu coração avalia as questões do bem e do mal. A mamãe entende, também, que as questões de correção transcendem o presente. Toda a punição terrena pressupõe o grande dia em que os destinos são eternamente fixados. A mãe quer que ela esteja pronta para isso.

Enquanto ouvia esta pequena de quatro anos, a clara estrutura e a graciosa maneira desta sessão de disciplina de faz de conta me impressionou. As linhas foram bem ensaiadas. Lauren já as tinha ouvido muitas vezes. Não havia ira, apenas firmeza em sua voz, enquanto preparava seu bebê para o que estava por vir. O objetivo era claro — "Você tem de aprender a obedecer". Nada havia na maneira desta jovem imitadora da "mamãe" que parecesse ou soasse como abuso infantil. No entanto, a nossa cultura considera a punição corporal como cruel e abusiva.

O mundo das ideias está em fluxo contínuo. As ideias têm seus períodos de popularidade e impopularidade. Como a combinação de cores que entram e saem de voga no mundo da moda e da decoração, as ideias estão, às vezes, na moda e, outras vezes, fora de moda.

Atualmente, a vara, como uma forma de disciplina, é uma ideia que está fora de moda. Se tivesse escrito este livro nos anos 50, teria sido de pouca atratividade para o homem comum. Ninguém falava com seus filhos. Eles eram levados, estilo "John Wayne", até o depósito de lenha. O pai era o tipo forte, silencioso, que não falava muito, mas que usava sua braveza para manter seu filho na linha.

Hoje, vivemos em uma época em que os conceitos de direitos humanos e dignidade fizeram parecer barbarismo a ideia de "bater" nos filhos. Tornamo-nos sensíveis ao potencial de abuso infantil. Não queremos que os pais pensem que é seu direito bater nos filhos quando bem desejarem. Hoje, a comunicação baseada na integridade e no respeito mútuo é uma ideia mais popular. Portanto, é mais fácil escrever sobre ela.

O RACIOCÍNIO POR DETRÁS DA VARA

Muitas perguntas sobre bater nos filhos inundam nossas mentes. O que o bater nas crianças é capaz de realizar? Isto é realmente necessário? Não há uma maneira melhor? Qual é a ideia por detrás disso? Isso fará seus filhos se ressentirem de você?

Nick, um amigo da igreja, e sua namorada, Ângela, nos visitavam em um domingo. Durante o almoço, um de nossos filhos foi desobediente. Levei-o a um quarto privativo, para discipliná-lo.

– O que ele vai fazer com a criança? – Ângelal indagou.
– Provavelmente, aplicar a vara. – minha esposa respondeu com naturalidade.

Naquele instante, o choro de meu filho podia ser ouvido lá de cima. Ângela saiu correndo de casa em estado de grande agitação.

Qual era o problema dela? Ela nada entendia de disciplina bíblica, por isso, sentiu-se ofendida e preocupada com o que lhe pareceu ser uma crueldade paterna. Sua atitude não era incomum.

A NATUREZA DO PROBLEMA

Qual é a natureza da necessidade mais básica da criança? Se acharmos que as crianças nascem ética e moralmente neutras, então não precisam de correção, precisam de direção. Não precisam de disciplina, precisam de instrução.

Certamente, os filhos precisam de instrução e direção. Mas o problema mais básico é uma falta de informação? Todos os problemas se diluem, quando conseguem aprender algumas coisas? É claro que não!

As crianças não nascem moral e eticamente neutras. A Bíblia ensina que o coração é "enganoso e desesperadamente corrupto" (Jeremias 17.9). O problema da criança não é um *déficit* na informação. Seu problema é que ela é pecadora. Existem coisas, dentro do coração do mais doce bebezinho, que, ao permitir-se brotar e crescer à plenitude, acarretam sua eventual destruição.

A vara funciona neste contexto. Aborda as necessidades íntimas da criança. Essas necessidades não podem ser supridas com conversação apenas. Provérbios 22.15 diz: "A estultícia está ligada ao coração da criança, mas a vara da disciplina a afastará dela". Deus afirma que há algo errado no coração da criança. A loucura e a insensatez estão atreladas ao seu coração. Esta loucura deve ser removida, pois coloca a criança em risco.

Em todo o livro de Provérbios, onde as palavras loucura e insensatez são usadas, elas têm o significado de descrever uma pessoa que não tem o temor de Deus. O insensato é aquele que não ouve a repreensão. O insensato é aquele que não se submete a autoridade. O insensato é aquele que zomba dos caminhos de Deus. O insensato carece de sabedoria (temor do Senhor).

A vida do insensato é movida por seus desejos e medos. É o que se ouve dos filhos, mesmo ainda pequenos. As frases mais comuns, no vocabulário de uma criança de três anos, são: "Eu quero..." ou "Eu não quero..." O insensato vive do imediatismo de sua paixão, cobiça, expectativas, esperanças e medos.

É uma questão de autoridade. A criança vive sob a autoridade de Deus e, assim, sob a autoridade dos pais; ou, sob a sua própria autoridade e direcionando seus próprios desejos e vontades.

Este é o estado natural das crianças. Pode estar sutilmente escondido por debaixo de uma mecha de cabelos rebeldes de um menino; pode ser imperceptível no sorriso esperto de um bebê. Porém, em seu estado natural, seus filhos têm corações de insensatez. Portanto, resistem à correção. Resistem às suas tentativas de governá-los. Observe um bebê lutando contra o uso de uma touca de inverno. Até este bebê, que não pode articular ou mesmo conceituar o que está fazendo, mostra determinação em não ser governado exteriormente. A insensatez está atrelada ao seu coração. Portanto, permitir que a insensatez se enraize e cresça, por catorze ou quinze anos, produzirá um adolescente rebelde que não aceitará que ninguém o domine.

Deus ordenou a vara da disciplina para esta condição. O processo de "surrar" (conduzido de maneira bíblica, tal como é descrito no capítulo 15 deste livro) faz com que a insensatez deixe o coração da criança. O confronto com a imediata e inegável sensação tátil de uma "surra", torna dócil uma criança implacável. Já vi este princípio funcionando incontáveis vezes. A criança que se recusa a estar debaixo de autoridade está em posição de grave perigo.

A vara é dada para uso neste caso extremo. "Tu a fustigarás com a vara e livrarás a sua alma do inferno" (Provérbios 23.14). A alma de seu filho está em perigo de morte — morte espiritual. Sua tarefa é resgatar seus filhos da morte. O fiel e oportuno uso da vara é o meio de resgate.

Isto põe a vara em seu contexto próprio. A vara não é questão de um pai irado expressando sua ira contra pequenas crianças indefesas. A vara é o pai fiel reconhecendo o estado perigoso de seu filho e empregando um remédio dado por Deus. A questão é a necessidade de uma criança ser resgatada da morte — a morte que resulta da rebelião, deixada no coração sem que seja confrontada.

A FUNÇÃO DA VARA

O que a vara de correção faz pela criança? Como funciona? Em Provérbios 29.15 Deus diz: "A vara e a disciplina dão sabedoria". O livro de Provérbios relaciona a sabedoria com o temor do Senhor. Temer a Deus e ter sabedoria vêm pela instrumentalidade da vara.

A conexão da vara com a sabedoria é de profunda importância. A criança que não está se sujeitando à autoridade paterna ou materna está agindo insensatamente. Está rejeitando a jurisdição de Deus. Está dando sua vida à imediata satisfação de suas vontades e desejos. Enfim, recusar a regra de Deus significa escolher sua própria regra, que leva à morte. Isto é o cúmulo da insensatez.

A vara da correção traz sabedoria à criança. Fornece uma demonstração tátil imediata da insensatez produzida pela rebelião. Propriamente administrada, a disciplina torna humilde o coração da criança, deixando-a sujeita à instrução dos pais. Cria-se uma atmosfera em que a instrução pode ser dada. A correção torna a criança complacente e pronta a receber palavras de vida.

Hebreus 12.11 faz a seguinte colocação: "Toda disciplina, com efeito, no momento não parece ser motivo de alegria, mas de tristeza; ao depois, entretanto, produz fruto pacífico aos que têm sido por ela exercitados, fruto de justiça".

A vara da disciplina, enquanto causa dor, traz também uma colheita de justiça e paz. A criança, cujos pais fazem uso oportuno e apropriado da vara, aprende a se submeter à autoridade.

"Todas as crianças não aprendem eventualmente a obedecer?" Não! O livro de Provérbios não concorda com esta frase. "A vara e a disciplina dão sabedoria, mas a criança entregue a si mesma vem a envergonhar a sua mãe. Corrige o teu filho, e te dará descanso, dará delícias à tua alma" (Provérbios 29.15,17).

Deus ordenou o uso da vara na disciplina e na correção dos filhos. Essa não é a única medida, mas precisa ser usada. Deus afirma que há necessidades no íntimo de seus filhos que exigem o uso da vara. Você precisa usar a vara se quiser resgatar seu filho da morte, arrancar a insensatez que está atrelada ao seu coração e conceder-lhe sabedoria.

O QUE É A VARA?

A vara é um pai, com fé em Deus e com fidelidade para com seus filhos, que assume a responsabilidade do uso oportuno, comedido e controlado da punição física, a fim de enfatizar a importância de obedecer a Deus, assim, resgatando seu filho de continuar em sua insensatez até a morte.

UM EXERCÍCIO PARA PAIS

Vamos analisar os elementos desta definição. Por definição, a vara é um exercício dos pais. Todas as passagens que pedem o uso da vara, colocam-na no contexto protegido de um relacionamento entre pai e filho. A ordem é "discipline seu filho". A Bíblia não dá permissão a todos os adultos de se engajarem na punição corporal de crianças. Este elemento de correção, em uma maior abrangência, refere-se a uma atividade dos pais. Este ensino não é isolado.

Este é um dos problemas em se bater em crianças na escola. Quando um professor assume o bater na criança como medida de disciplina, o processo é removido de seu contexto de relacionamento entre pai e filho. A mesma mãe e o mesmo pai que confortam a criança quando está enferma, que a levam aos parques de diversões, que se lembram de seu aniversário, devem aplicar a disciplina física. Uma surra é muito diferente, quando administrada por um estranho.

UM ATO DE FÉ
O uso da vara é um ato de fé. Deus ordenou seu uso. O pai obedece não porque entende perfeitamente como funciona, mas porque Deus lhe ordenou. O uso da vara é uma expressão profunda da confiança na sabedoria de Deus e na excelência de seu conselho.

UM ATO DE FIDELIDADE
A vara é um ato de fidelidade para com a criança. Os pais assumem a tarefa ao reconhecer que na disciplina há esperança, recusando tornarem-se agentes voluntários na morte de seu filho. Esta é uma expressão de amor e compromisso.

Em muitas ocasiões, meus filhos viram lágrimas em meus olhos, quando tinha de bater neles. Eu não queria fazê-lo. Meu amor por meus filhos conduzia-me à tarefa. Eu sabia que deixar de corrigi-los fisicamente poderia ser infidelidade para com suas almas.

UMA RESPONSABILIDADE
A vara é uma responsabilidade. Punir não é uma decisão tomada pelo pai ou pela mãe. É uma determinação à qual o pai ou a mãe devem obedecer. São os pais, como representantes de Deus, assumindo, em lugar de Deus, o que Deus os chamou a fazer. Eles não estão dirigindo seu próprio negócio, mas gerenciando o negócio de Deus.

UMA PUNIÇÃO FÍSICA
A vara é o uso cuidadoso, oportuno e controlado da punição física. A vara nunca é o externar a ira dos pais. Não

é o que o pai realiza quando está frustrado. Não é uma resposta ao sentimento de que seu filho fez coisas difíceis de aceitar. A vara é sempre comedida e controlada. Os pais sabem a própria medida de severidade que uma criança precisa em cada circunstância. A criança sabe quantas palmadas virão.

UMA MISSÃO DE RESGATE

A vara é uma missão de resgate. A criança que precisa de uma "surra", tornou-se distante de seus pais pela desobediência. A vara serve para resgatar a criança de sua contínua insensatez. Se prosseguir, sua perdição é certa. Assim, os pais, movidos por amor à criança, precisam usar a vara.

A vara enfatiza a importância de obedecer a Deus. Lembre-se que a questão nunca é: "Você deixou de obedecer a mim". A única razão para a criança obedecer à mãe e ao pai é que Deus manda. Deixar de obedecer à mãe ou ao pai é deixar de obedecer a Deus. Esta é a questão. A criança deixou de obedecer a Deus. A criança deixou de fazer o que Deus mandou. O persistir no erro coloca-a em risco.

DISTORÇÕES DA VARA

Visto que o conceito da vara está enfrentando dias difíceis em nossa cultura, precisamos limpar nossas mentes de alguns conceitos distorcidos. Não desejo que você pense que estou advogando algum desses conceitos errados sobre o uso da vara, divulgados pela imprensa.

Não dá direito a manter um temperamento descontrolado

O conceito bíblico da vara não é o direito de manter um temperamento descontrolado. Como veremos mais completamente na segunda parte deste livro, a vara deve ser usada de maneira cuidadosamente controlada e firmemente estruturada para evitar a possibilidade de abuso. Deus, em nenhum lugar nas Escrituras, dá aos pais o direito de ter crises de temperamento diante de seus filhos. Tal ira é profana e iníqua. A Bíblia a censura. Tiago 1.20 diz: "Porque a ira do homem não produz a justiça de Deus".

Não dá direito a bater em seus filhos quando desejar

O conceito bíblico da vara não é o direito de bater em seus filhos quando, assim, o desejar. Ela é usada em um contexto de correção e disciplina. Não dá o direito de usar a força física quando e como se quiser. Em Efésios 6, Deus avisa contra o perigo de provocar os filhos à ira. Sem dúvida, o pai que intimida seu filho fisicamente está provocando-o à ira.

Não é o extravasar de sua frustração

O conceito bíblico da vara não é uma forma de os pais extravasarem sua frustração contra seus filhos. Nunca encontrei um pai que não tivesse tido momentos de frustração com seus filhos. Há tempos em que eles o exasperam, deixando-o magoado e irado. A vara não é uma forma de extravasar sua ira e frustração reprimidas.

Não é retribuição

O conceito bíblico da vara não é o do pai exigir retribuição pelo erro de seu filho. A vara não é o pagamento devido. Muitos pais têm uma mentalidade punitiva. Encaram a disciplina como sendo o castigo pelos pecados da criança. A correção deixa de ter o objetivo positivo de restauração, para ter o objetivo negativo de pagamento. É vista como um condenado pagando seu débito à sociedade ao cumprir o tempo na prisão.

Não está associada à ira

Outra distorção é a ideia de que a vara deve ser associada à ira. Um amigo teve de bater em seu filho durante uma visita a seus familiares. Ele o levou a uma sala privativa, falou com ele e administrou a surra. Depois, reafirmou a seu filho o seu amor por ele. Sorrindo, juntos, saíram da sala. A surra havia acabado. O filho tinha sido restaurado por seu pai. Estavam ambos felizes e em paz. A avó estava preocupada. Não se importava com a surra, mas o fato de meu amigo não expressar raiva perturbou-a. "Uma surra não faria bem algum, a menos que depois estivessem com raiva um do outro", ela disse. Via a surra como algo que produzia distância, em vez de aproximação.

OBJEÇÕES COMUNS À VARA
Amo demais meus filhos para bater neles.
Esta objeção é fácil de entender. Não conheço nada mais difícil do que bater em meus filhos. É difícil pegar seu filho no

colo para, propositalmente, infligir-lhe dor. Você sente que o ama demais para fazer isso. Mas faça a si mesmo a seguinte pergunta: quem se beneficia se eu não bater em meu filho? Com certeza, não é a criança. Os textos bíblicos já citados deixam claro que o fracasso em aplicar a vara põe a criança em risco. Quem se beneficia? Você, visto que fica livre do desconforto de bater em seu filho e da agonia de infligir dor em alguém que lhe é precioso. Você fica livre da inconveniência e do gasto de tempo que a disciplina bíblica requer. Creio que por esse motivo a Bíblia diz, em Provérbios 13.24: "O que retém a vara aborrece a seu filho, mas o que o ama, cedo, o disciplina". De acordo com esta passagem, o ódio me impedirá de bater em meu filho. O amor me forçará a fazê-lo.

Tenho medo de machucá-los.
Com frequência, pais cristãos respondem negativamente ao conceito bíblico da "vara", porque sofreram abusos de punição corporal na infância. O termo "vara" traz à sua mente os seus próprios pais, irados, espancando os filhos com uma ira incontrolada. Tal comportamento não é o uso bíblico da vara; é abuso de criança.

Alguns pais ficam apreensivos sobre machucar seus filhos. Temem que algum dano físico possa resultar da punição corporal. Provérbios 23.13,14 antecipam esta objeção: "Não retires da criança a disciplina, pois, se a fustigares com a vara, não morrerá. Tu a fustigarás com a vara e livrarás a sua alma do inferno". A disciplina biblicamente equilibrada nunca põe seu filho em risco, nem mesmo fisicamente.

Tenho medo de que essa prática os torne rebeldes e irados.
Você quer que seus filhos o amem e o apreciem como pai. Quer que eles vejam a mamãe e o papai como ótimas pessoas. Deseja que sintam sua amabilidade e gentileza. Portanto, pode ficar receoso de que bater neles vai fazê-los pensar que é cruel e irascível. Pode temer que a disciplina extrairá deles o que têm de pior em seu íntimo. Provérbios 29.17 diz o oposto: "Corrige o teu filho, e te dará descanso, dará delícias à tua alma".

A disciplina não produz filhos irados e irritados; produz filhos que estão em paz com você, filhos em quem você pode se deleitar.

Isso é verdadeiro não apenas em longo prazo, mas também em curto prazo. Administrar a vara, da maneira descrita no capítulo 15, produz uma criança equilibrada e feliz — mesmo imediatamente após a disciplina.

Isso não funciona.
Esta objeção requer um exame da prática específica dos pais. Anos de experiência pastoral me persuadiram de que os casos em que a vara não funcionou podem ser resumidos desta forma:

(a) Uso inconsistente da vara. A criança nunca sabia o que poderia levá-lo à correção. Portanto, testava constantemente o pai.

(b) Falha em persistir. Algumas pessoas nunca tentam algo durante um tempo suficiente para ver como

funciona. Aplicam a vara por alguns dias. Os filhos não se transformam da noite para o dia. Então, os pais desistem, desencorajados.
(c) Fracasso em ser eficaz. Tenho presenciado disciplinas administradas através de uma camada dupla de fraldas, em crianças que não pararam de se mexer e nem perceberam que tinham levado uma "surra". A correção foi ineficaz, pois os pais não fizeram nem mesmo a presença deles ser sentida.
(d) Fazer com ira. Sempre me surpreendi com o senso de justiça inato da criança. Elas não se submetem à correção administrada com ira profana. Interiormente, resistem a submeterem seus corações a um pai que as intimida.

Tenho medo de ser preso por abuso infantil.
É uma preocupação válida. Deve haver cuidado em se evitar exposição desnecessária e ser denunciado por alguém que não aprova a punição física. A disciplina deve ser aplicada privativamente, em casa. Não é uma questão pública. Se os avós, ou outros parentes, não a aprovam, deve-se tomar cuidado para não bater nas crianças na presença deles.

Muitos que trabalham na área de saúde são muito sensatos ao relatar sobre abusos infantis. Tivemos a experiência de levar um filho ao médico, em uma ocasião em que ele precisara de muita disciplina. O médico viu o seu traseiro azulado e facilmente identificou o resultado de uma surra controlada. Comentou que os casos de abuso infantil deixam manchas aleatoriamente, em qualquer parte do corpo, e não manchas na localidade apropriada.

Finalmente, esta é uma questão de fé. Obedecerei a Deus, mesmo quando há riscos ligados à obediência?

Embora os riscos possam ser limitados, eles não podem ser eliminados. Portanto, os pais devem ser prudentes.

O FRUTO DA VARA

A vara ensina a respeito dos resultados de comportamento. O uso consistente da vara ensina seus filhos que há resultados inevitáveis do comportamento. Crianças pequenas devem aprender a obedecer. Quando a desobediência resulta em consequências dolorosas, elas aprendem que Deus instituiu, em seu mundo, o princípio de semear e colher.

A vara mostra a autoridade de Deus sobre a mãe e o pai. Os pais que usam a vara como questão de obediência estão sendo um exemplo de submissão a autoridade. Uma das razões por que os filhos têm dificuldade com autoridade é que ela não é exemplificada em nossa cultura.

A vara treina uma criança a estar debaixo de autoridade. O fato de que há certas consequências na desobediência ensina a importância da obediência. Ela aprende, enquanto ainda é pequena, que Deus colocou todos sob autoridade e que as estruturas de autoridade são uma bênção.

A vara demonstra o amor e o compromisso dos pais. Hebreus 12 deixa claro que a vara é uma expressão de amor. No versículo 5, a disciplina é chamada de "exortação... a filhos". Ali é demonstrado que a disciplina é um sinal de filiação. O pai, ou a mãe, que disciplina demonstra que ama seu filho. Tal pai não é um agente desinteressado; não é ambivalente. Está engajado e envolvido. Seu compromisso é profundo — profundo o suficiente para investir a si mesmo em cuidadosa disciplina.

A vara produz uma colheita de paz e justiça. Em Hebreus 12.11, lemos: "Toda disciplina, com efeito, no momento não parece ser motivo de alegria, mas de tristeza; ao depois, entretanto, produz fruto pacífico aos que têm sido por ela exercitados, fruto de justiça". A disciplina oportuna, cuidadosa, embora desagradável e dolorosa no momento em que é aplicada, depois, produz filhos felizes e bem-sucedidos.

A vara produz fruto maravilhoso. Como pai de filhos adultos, estou constantemente agradecendo a misericórdia de Deus para com nossa família. Nossa primeira exposição às ideias que são explanadas neste capítulo veio quando tínhamos apenas um filho. Ele era um indomável bebê de dezoito meses, que caminhava para a terrível idade de dois anos! Estes princípios nos deram uma forma de lidar com nosso filho. Capacitaram-nos a dar-lhe a segurança da disciplina. Possibilitaram que nosso filho adquirisse domínio próprio. E o ajudaram a respeitar e amar sua mãe e seu pai.

A vara traz a criança de volta ao lugar de bênção. Deixada entregue a si mesma, ela continuaria a viver movida pela paixão. Continuaria a buscar conforto na escravidão de seus desejos e temores. A vara de correção faz a criança voltar à submissão aos pais, à posição em que Deus lhe prometeu a bênção.

A vara promove uma atmosfera de aproximação e franqueza entre pai e filho. O pai ou a mãe que estão envolvidos com seu filho, que enfrentam os obstáculos que desafiam a integridade de seu relacionamento, experimentarão intimidade com seu filho. Quando a criança tem permissão para ser irritadiça e desobediente, uma distância se desenvolve entre os pais e a criança. O pai, ou a mãe, que se recusa a permitir a alienação, gozará de um relacionamento próximo e franco.

O MELHOR DE DOIS

Se você focaliza somente a vara ou apenas a comunicação, será como um navio com a carga toda de um lado. Não vai navegar muito bem. A comunicação e a vara não são métodos isolados. São feitos para funcionarem juntos.

Este é o ponto de Hebreus 12.5,6: "Estais esquecidos da exortação que, como a filhos, discorre convosco: Filho meu, não menosprezes a correção que vem do Senhor, nem desmaies quando por ele és reprovado; porque o Senhor corrige a quem ama e açoita a todo filho a quem recebe".

Seus filhos precisam ser conhecidos e entendidos; por isso, a comunicação abundante é necessária. Eles também necessitam de autoridade. Precisam que os limites sejam claros e a correção seja previsível; por isso, a vara é necessária.

O uso da vara preserva biblicamente enraizada a autoridade dos pais. A ênfase na comunicação rica e multiforme anula a disciplina fria e tirânica.

Obviamente, a primazia de um ou outro destes métodos dependerá da idade de seu filho. Na segunda parte deste livro, focalizaremos em maior profundidade este detalhe.

Alguns pais têm facilidade ou com a comunicação ou com a vara. É recomendável ser sensível às distorções não bíblicas. A pessoa que se sente confortável com a vara, pode cair na distorção de ser autoritário. E um pai para quem a comunicação é natural e fácil, pode inclinar-se à permissividade. Pais autoritários tendem a carecer de amabilidade. Pais permissivos tendem a carecer de firmeza. Avalie a que distorção do treinamento bíblico você se inclinaria. Lute por maior equilíbrio.

APLICAÇÃO PRÁTICA

1. Qual o problema em seus filhos que exige o uso da vara?
2. Qual é a função da vara?
3. A quem Deus autorizou a disciplina dos filhos através do uso da vara?
4. Faça uma revisão das objeções comuns à vara. Você tem usado alguma delas?
5. Cite várias distorções do conceito do uso da vara.
6. Como você descreveria a conexão entre o uso da comunicação e da vara? Que método é mais fácil para você?

Capítulo 12

Adotando métodos bíblicos: Apelo à consciência

Não era um programa muito movimentado. Talvez por isso atraiu minha atenção. Era tarde e meu dia tinha sido bem corrido! Não tinha apetite para o melodrama da vida de mais ninguém. O homem, na TV, falava monotonamente. E, naquela voz gentilmente monótona, explicava sua arte. Era um pintor. Quando entrei na sala, vi que estava preparando a tela. "Você não pode simplesmente começar a pintar", ele falava arrastadamente. Antes da cor, antes da textura, antes dos tons e da atividade de pintar, o artista banha a tela. O banho é o fundo para toda a atividade da pintura. A arte pressupõe o banho. O banho antecede a arte a ser pintada na tela.

Este capítulo é similar a este banho. Os capítulos anteriores discutiram a comunicação e a vara. Duas questões — apelo à consciência e foco na obra redentora de Deus — têm estado implícitas em nossa consideração da comunicação e da vara. Estas questões dão forma bíblica e estrutura à nossa criação de filhos.

APELO À CONSCIÊNCIA

Sua correção e disciplina devem causar impacto na consciência de seu filho ou de sua filha. Deus nos outorgou capacidade de raciocínio que discerne questões de certo ou errado. Paulo recorda-nos que, mesmo as pessoas que não têm a lei de Deus, mostram que esses requisitos estão escritos em seus corações, ao obedecerem à lei (Romanos 2.12-16). Elas se desculpam ou se acusam, em seus pensamentos, por causa de suas consciências.

Esta consciência dada por Deus é sua aliada na disciplina e na correção. Seus apelos mais poderosos serão aqueles que atingem a consciência. Quando a consciência é despertada, a correção e a disciplina causam o impacto.

Duas ilustrações bíblicas elucidam esta questão. Provérbios 23 justifica o uso da vara na correção. Os versículos 13 e 14 dizem: "Não retires da criança a disciplina, pois, se a fustigares com a vara, não morrerá. Tu a fustigarás com a vara e livrarás a sua alma do inferno". A vara, porém, não é o único instrumento de treinamento na passagem. Há um outro. É o apelo à consciência. O apelo ardente permeia o capítulo 23 de Provérbios:

> Não tenha no teu coração inveja dos pecadores... (17)
> Guia retamente no caminho o teu coração... (19)

Ouve a teu pai, que te gerou... (22)
Compra a verdade e não a vendas; compra a sabedoria, a instrução e o entendimento... (23)
Dá-me, filho meu, o teu coração... (26)

A passagem, de fato, está permeada com um doce e terno apelo à consciência. Salomão é suave na vara? Não! Mas ele entende as limitações da vara. Sabe que a vara chama a atenção da criança, mas a verdade dos caminhos de Deus deve ser plantada e cultivada na consciência.

A interação de Jesus com os fariseus fornece outro exemplo do apelo à consciência. Em Mateus 21.23, os principais sacerdotes e os anciãos desafiaram a autoridade de Cristo. Ele respondeu com a parábola dos dois filhos (versículos 28-32):

E que vos parece? Um homem tinha dois filhos. Chegando-se ao primeiro, disse: Filho, vai hoje trabalhar na vinha. Ele respondeu: Sim, senhor; porém não foi. Dirigindo-se ao segundo, disse-lhe a mesma coisa. Mas este respondeu: Não quero; depois, arrependido, foi. Qual dos dois fez a vontade do pai? Disseram: O segundo. Declarou-lhes Jesus: Em verdade vos digo que publicanos e meretrizes vos precedem no reino de Deus. Porque João veio a vós outros no caminho da justiça, e não acreditastes nele; ao passo que publicanos e meretrizes creram. Vós, porém, mesmo vendo isto, não vos arrependestes, afinal, para acreditardes nele.

Ao final da parábola, Jesus lhes faz uma pergunta dirigida à mente, sobre o que é certo e errado. Eles respondem corretamente.

Jesus, então, lhes contou outra parábola — a parábola dos lavradores e do dono da vinha:

> Atentai noutra parábola. Havia um homem, dono de casa, que plantou uma vinha. Cercou-a de uma sebe, construiu nela um lagar, edificou-lhe uma torre e arrendou-a a uns lavradores. Depois, se ausentou do país. Ao tempo da colheita, enviou os seus servos aos lavradores, para receber os frutos que lhe tocavam. E os lavradores, agarrando os servos, espancaram a um, mataram a outro e a outro apedrejaram. Enviou ainda outros servos em maior número; e trataram-nos da mesma sorte. E, por último, enviou-lhes o seu próprio filho, dizendo: A meu filho respeitarão. Mas os lavradores, vendo o filho, disseram entre si: Este é o herdeiro; ora, vamos, matemo-lo e apoderemo-nos da sua herança. E, agarrando-o, lançaram-no fora da vinha e o mataram. Quando, pois, vier o senhor da vinha, que fará àqueles lavradores? Responderam-lhe: Fará perecer horrivelmente a estes malvados e arrendará a vinha a outros lavradores que lhe remetam os frutos nos seus devidos tempos. Perguntou-lhes Jesus: Nunca lestes nas Escrituras: A pedra que os construtores rejeitaram, essa veio a ser a principal pedra, angular; isto procede do Senhor e é maravilhoso aos nossos olhos? Portanto, vos digo que o reino de Deus vos será tirado e será entregue a um povo que

lhe produza os respectivos frutos. Todo o que cair sobre esta pedra ficará em pedaços; e aquele sobre quem ela cair ficará reduzido a pó. Os principais sacerdotes e os fariseus, ouvindo estas parábolas, entenderam que era a respeito deles que Jesus falava; e, conquanto buscassem prendê-lo, temeram as multidões, porque estas o consideravam como profeta. (Mateus 21.33-46)

Observe como Jesus apela ao senso de certo e errado dos fariseus. Ele estava fazendo um apelo às suas consciências. "Quando, pois, vier o senhor da vinha, que fará àqueles lavradores?"

Jesus pede que façam um julgamento. E eles julgam corretamente. Então, lhes mostra que haviam incriminado a si mesmos. O versículo 45 mostra que os fariseus entenderam a verdade em questão: "Entenderam que era a respeito deles que Jesus falava".

Aqui está o padrão. Cristo apela às suas consciências de modo que não conseguem escapar das implicações do seu pecado. Assim, ele lida com os problemas na raiz, não apenas com as questões na superfície.

As perguntas originais, em Mateus 21.23, "Com que autoridade fazes estas coisas? E quem te deu essa autoridade?", aparentavam ser perguntas questionando a fonte de sua autoridade. Porém, tratava-se de um desafio à sua autoridade. A resposta de Jesus delimitou as fronteiras da batalha. Ele afirmou que sua autoridade era a de Deus. Embora não se arrependessem, o desafio à consciência causou seu impacto. Os principais sacerdotes e os fariseus sabiam que Jesus falava sobre eles. Haviam incriminado a si mesmos.

Esta é sua tarefa ao pastorear seus filhos. Você necessita fazer da consciência o alvo do apelo. Para ajudá-los a lidar com o tema de sua orientação em direção a Deus, você precisa ir além da correção do comportamento e abordar as questões do coração. Você aborda as questões do coração ao expor o pecado e apelar à consciência, como árbitro oferecido por Deus, a respeito do que é certo e errado.

Recentemente, um homem nos procurou em estado de grande agitação. Havia observado um rapazinho roubar algum dinheiro da cesta de ofertas após o culto. Ele sentia genuína preocupação com o rapaz. Sugeri que ele conversasse com o pai do menino, a fim de que o filho pudesse beneficiar-se da correção e da intervenção do pai.

Alguns minutos depois, o menino e o pai pediram para falar-me em meu gabinete. O menino mostrou algum dinheiro e disse que havia tirado da cesta de ofertas. Ele estava em lágrimas, expressando sua tristeza e pedindo perdão.

Comecei a conversa, dizendo-lhe: "Carlos, estou muito feliz, porque alguém viu o que você fez. Que grande misericórdia de Deus, ao providenciar para que você não escapasse disso! Deus lhe poupou de endurecer o seu coração, o que acontece quando alguém peca e sai ileso da experiência. Percebe como Deus foi gracioso com você?" O menino olhou-me nos olhos e concordou. "Sabe, Carlos", continuei, "é por isso que Jesus veio. Jesus veio porque pessoas como você, seu pai e eu temos corações que desejam roubar. Você percebe que é capaz de ser tão ousado e atrevido que rouba até as ofertas que as pessoas estão dando a Deus. Mas Deus teve tanto amor por meninos e homens ímpios que enviou seu Filho, a fim de transformar o coração de meninos e homens e torná-los pessoas que são doadoras e não ladrões".

Nesta altura da conversa, Carlos caiu em soluços e retirou do bolso mais um maço de notas que havia tirado da cesta. Ele havia começado esta breve conversa pronto a "fazer de conta" e devolver apenas parte do dinheiro que havia pegado. Algo aconteceu enquanto me ouvia falar da misericórdia de Deus para com os pecadores ímpios. Não havia acusação no meu tom de voz. Nem seu pai nem eu sabíamos que havia mais dinheiro. O que aconteceu? A consciência de Carlos foi atingida pelo evangelho! Algo do que falei ressoou dentro deste coração jovem e enganador. O evangelho causou seu impacto na consciência dele.

CORREÇÃO COM FOCO CENTRALIZADO NA REDENÇÃO

O foco central na criação de filhos é conduzi-los a uma sóbria avaliação de si mesmos como pecadores. As crianças precisam entender a misericórdia de Deus, que ofereceu Cristo como sacrifício pelos pecadores. Como isso é realizado? Você precisa dirigir-se ao coração como a fonte do comportamento, e à consciência como o juiz, dado por

Deus, para discernir o certo e o errado. A cruz de Cristo deve ser o foco central, em toda a criação de seus filhos.

Você almeja ver seus filhos viverem fundamentados no rico solo da obra graciosa de Cristo. O foco central de sua disciplina e correção deve ser que seus filhos vejam a total incapacidade deles em fazer as coisas que Deus requer, a menos que conheçam a ajuda e a força de Deus. Sua correção precisa manter o padrão de justiça tão alto quanto Deus o faz. O padrão de Deus é o comportamento correto que flui do coração que ama a Deus e tem a glória de Deus como finalidade única na vida. Tais atitudes não são inatas a seus filhos (nem aos pais deles).

A disciplina deve expor a incapacidade de seu filho de amar a sua irmã com profundidade ou de, genuinamente, dar preferência aos outros em lugar de si mesmo. A disciplina deve levar à cruz de Cristo, onde pessoas pecadoras são perdoadas. Os pecadores que vêm a Jesus, em arrependimento e fé, são revestidos de poder para viverem novas vidas.

A alternativa é reduzir o padrão ao que se pode esperar razoavelmente dos filhos, sem que sejam providos da graça de Deus. A alternativa é dar-lhes uma lei que consigam guardar. A alternativa é um padrão menor, que não requer a graça e não os conduz a Cristo, mas, ao contrário, move-os em direção aos seus próprios recursos.

A dependência de seus próprios recursos os conduz para longe da cruz. Afasta-os de qualquer autoavaliação que os forçaria a concluir que estão desesperadamente necessitados do perdão e do poder de Jesus.

Falei com muitos pais que temem estar produzindo pequenos hipócritas orgulhosos e cheios de justiça própria. A hipocrisia e a justiça própria são o resultado de dar aos filhos a lei que pode ser cumprida e dizer-lhes que sejam bons. À medida que vão sendo bem-sucedidos, tornam-se como os fariseus, pessoas cujo exterior está limpo, enquanto por dentro estão cheios de sujeira e imundícia. A característica do farisaísmo era reduzir a lei a um padrão viável de coisas exteriores, que qualquer pessoa autodisciplinada poderia cumprir. Em seu orgulho e justiça própria, rejeitaram a Cristo.

A correção e o pastoreio precisam focalizar Cristo. É somente em Cristo que a criança perdida experimenta a convicção do pecado, encontrando esperança, perdão, salvação e poder para viver.

APLICAÇÃO PRÁTICA

1. A quem seu filho presta contas quando peca?
2. Como você mantém seu filho focalizado no fato de que a obediência aos pais se baseia na ordem de Deus? Às vezes, você fundamenta suas exigências simplesmente em sua vontade e desejos?
3. Você está focalizando sua correção e direção no comportamento ou nas atitudes do coração? Seus filhos pensam em si mesmos como pecadores pelo que fazem ou por causa de quem são?
4. Qual a diferença entre apelarmos à consciência e enfocarmos o comportamento? Que benefícios advêm de apelarmos à consciência, em vez de ao comportamento?

5. A esperança para filhos pecadores se encontra em Cristo. Como você focaliza a esperança para seu filho, na obra de Cristo? De que formas você está colocando isso em prática?
6. Você, às vezes, surpreende-se gritando com suas crianças de uma maneira que seria impossível parar e orar a Cristo, a fim de que ele os ajude?

Capítulo 13

Fundamentos: Resumo

Na primeira parte deste livro, estabeleci os fundamentos para a educação bíblica dos filhos. Este capítulo resume brevemente os elementos da parte um.

1. Seus filhos são o produto de duas coisas: Primeira, a influência formativa, que envolve sua composição física e sua experiência de vida. Segunda, a orientação em direção a Deus, a qual determina como interagem com essa experiência. A criação de filhos inclui: (1) o suprimento das melhores influências formativas possíveis e (2) o cuidadoso pastorear das reações de seus filhos àquelas influências.

2. O coração determina o comportamento. Aprenda, portanto, a trabalhar partindo do comportamento para chegar ao coração. Exponha conflitos de coração. Ajude seus filhos a perceberem que foram feitos para um relacio-

namento com Deus. A sede do coração pode ser satisfeita no verdadeiro conhecimento de Deus.

3. Você tem autoridade, porque Deus fez de você um agente. Significa que você está a serviço de Deus, e não a seu próprio serviço. Sua tarefa é ajudar seus filhos a conhecerem a Deus e a verdadeira natureza da realidade. Tais conhecimentos darão a eles a capacidade de conhecerem a si mesmos.

4. Visto que o fim principal do homem é glorificar a Deus e desfrutá-lo para sempre, você precisa expor este ponto de vista diante de seus filhos. Necessita ajudá-los a aprender que apenas em Deus encontrarão a compreensão de si mesmos.

5. Os objetivos bíblicos devem ser alcançados por métodos bíblicos. Portanto, você tem de rejeitar os métodos substitutivos que nossa cultura apresenta.

6. Deus concedeu dois métodos para a criação dos filhos. Eles são: (1) a comunicação e (2) a vara. Na prática, estes métodos precisam ser entretecidos juntos. Seus filhos precisam ser conhecidos e compreendidos; portanto, a rica comunicação é necessária. Seus filhos precisam também de autoridade e firmeza; consequentemente, a vara é necessária. A vara tem por finalidade enfatizar a importância daquilo que você conversa com eles.

Na parte dois, explicaremos a aplicação destes princípios aos detalhes da criação de filhos, nas várias fases do desenvolvimento da criança.

PARTE 2

PASTOREANDO ATRAVÉS DAS FASES DA INFÂNCIA À ADOLESCÊNCIA

Capítulo 14

Da infância à pré-escola: Objetivos de treinamento

O filho de Ronaldo sofrera um leve dano cerebral durante a infância; ele não sabia o quanto seu filho podia entender. Apesar do desenvolvimento tardio do menino, Ronaldo conversava com ele sobre os caminhos de Deus. Aos três anos e meio, o garoto ainda não podia falar. Mesmo assim, seus pais falavam-lhe sobre Deus e oravam com ele; buscavam pastoreá-lo biblicamente.

Certo dia, o menino exigiu correção e disciplina. Ronaldo estava confuso, mas tentou dar-lhe alguma explicação, sem saber o quanto seu filho podia captar. Enquanto ia tornando-se mais e mais confuso, no processo da comunicação, seu filho interveio. Ele falou! Suas primeiras palavras foram: "Ore, papai!"

Esta pequena criança, comprometida pelo dano cerebral, entendera valiosas lições, o tempo todo. Conhecia a fé que seu pai depositava em Deus. Sabia que seu pai se voltava para Deus quando estava com problemas. Sabia que Deus poderia ajudar seu pai a comunicar-se. Que bela ilustração da importância destes primeiros anos.

CARACTERÍSTICA PRINCIPAL: MUDANÇA

O primeiro estágio do desenvolvimento, da infância à fase pré-escolar, abrange o período do nascimento até à idade de quatro ou cinco anos. Este período pode ser descrito com uma única palavra: mudança. Em cada aspecto do desenvolvimento, a criança surpreende seus pais com mudanças dramáticas.

Mudança física

Pense nas mudanças físicas. O bebê recém-nascido é imóvel. Não consegue levantar a cabeça, não pode rolar ou sentar, no entanto, forças poderosas estão operando nele. Em poucos meses, consegue sentar-se, ficar em pé, arrastar-se e até andar. Logo, aprende a correr, pular com apenas um pé e subir em árvores.

Desenvolve a capacidade de manipular objetos e, então, pode girar os trincos das portas e destrancá-las. Aprende a alimentar-se. Não há outro período da vida em que a mudança física seja tão significativa.

Mudança social

A mudança social é igualmente extrema. A primeira mudança social é com sua mãe. Logo, outros membros da família ampliam o círculo de pessoas familiares. Aprende seu próprio estilo de se relacionar com os outros. Aprende a cativar os outros. Aprende a buscar aprovação, em seu mundo crescente de relacionamentos sociais. Com quatro ou cinco anos, já terá seus próprios amigos.

Mudança intelectual

A mudança intelectual é igualmente surpreendente. A criança ainda pequena elabora os significados. Ouve a linguagem e generaliza as regras gramaticais. Até seus erros seguem as regras: "Eu pensi", em vez de "Eu pensei".

A experiência caracteriza-se pelo aprendizado. Sua curiosidade é visível. "Por que as portas se abrem com dobradiças? As coisas existem, mesmo quando não estou pensando nelas? Por que as coisas caem no chão? As pessoas podem me ver, quando fecho os olhos?" A criança aprende a conversar, contar, brincar, a ser engraçada e a ficar séria. Também, aprende a respeito de valores — o que é importante e o que não é.

Mudança espiritual

Ela está se desenvolvendo espiritualmente. Esse desenvolvimento pode ser pastoreado através do conhecimento e do amor ao verdadeiro Deus ou pode ser ignorado. Ambas as alternativas produzem desenvolvimento espiritual. Visto ser uma criatura espiritual, a criança ou aprende a adorar e confiar no Deus Jeová, ou aprende a curvar-se diante de deuses falsos.

Resumo

As rápidas mudanças durante estes primeiros anos dão aos pais ideias grandiosas a respeito de seus filhos. Muitos pais estão convictos de que seus filhos, ainda na Educação Infantil, são gênios. Eles têm de ser. Aprendem tão bem; aprenderam tanto em tão pouco tempo. Os pais adquirem a certeza de que não há limite para a capacidade de seu filho.

UMA GRANDE LIÇÃO

Diante de tão dramáticas mudanças, em um curto período de tempo, é fácil perder o foco. Onde investir suas energias? Você precisa de um único objetivo de treinamento, estrito o suficiente para dar-lhe direção em situações concretas e amplo o suficiente para envolver o mundo em mutação da pequena criança.

ENTENDENDO A AUTORIDADE

A lição mais importante para a criança é aprender, neste período de vida, que ela é uma pessoa sob autoridade. Foi feita por Deus e tem a responsabilidade de obedecê-lo, em todas as coisas.

O principal texto da Escritura, a ser aplicado neste período de vida é: "Filhos, obedecei a vossos pais *no Senhor*, pois isto é justo. *Honra a teu pai e a tua mãe* (que é o primeiro mandamento com promessa), *para que te vá bem, e sejas de longa vida sobre a terra*" (Efésios 6.1-3).

FOCO EM DIREÇÃO A DEUS

Observe que a obediência é uma resposta a Deus. Os filhos necessitam aprender que foram feitos para Deus. Têm um dever para com ele. Deus tem o direito de governá-los. Os filhos devem obediência a Deus.

Sem esta verdade, seus filhos nunca se sujeitarão a você; nunca verão a vida em termos de dar glória a Deus; tornar-se-ão voltados para si mesmos, como os principais objetos de adoração em seu próprio mundo.

A submissão à autoridade terrena é uma aplicação específica do ser uma criatura sob a autoridade de Deus. A submissão à autoridade de Deus pode parecer distante e teórica. A mamãe e o papai, porém, estão presentes. A obediência a Deus é refletida no crescente entendimento do filho, a respeito da obediência aos pais.

Familiarize seus filhos com a autoridade e a submissão, enquanto são pequenos. Este treinamento começa no dia em que você o traz para casa, vindo do hospital.

Estas lições, firmemente estabelecidas nos primeiros anos, produzirão fruto durante toda a infância. Estabeleça estes princípios e elimine a necessidade de ter repetidas competições de autoridade.

Estávamos preocupados de que o carro se tornasse um ambiente social fora do controle dos pais, quando nosso primeiro motorista adolescente começou a dirigir. Estabelecemos regras claras. Havia regras contra ter passageiros não aprovados pela mamãe e papai. Havia regras quanto a mudança de destino. Recebíamos bem os telefonemas com apelos. Planos sempre podem mudar, apenas não queríamos surpresas. Ficávamos contentes ao receber ocasionais telefonemas de mudança de plano e, também, por saber das muitas vezes quando nosso filho não carregou passageiros ou fizera corridas que não haviam sido aprovadas antecipadamente. Ele poderia ter feito isso, sem o nosso consentimento, mas não o fez. Tínhamos um jovem motorista em quem podíamos confiar por causa das lições aprendidas na infância.

O CÍRCULO DA BÊNÇÃO

Em Efésios 6.1-3, Deus delineou um círculo de grande bênção. Os filhos devem viver dentro do círculo da submissão à autoridade dos pais.

Submissão aos pais significa **HONRAR** e **OBEDECER**. Dentro desse círculo as coisas vão bem e eles desfrutam de vidas longas.

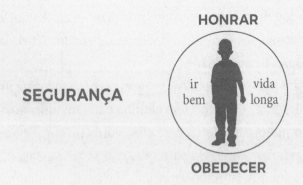

Fig. 7 - Círculo de segurança

OS RESULTADOS SÃO BONS

É imperativo que os filhos aprendam a honrar e a obedecer; tudo irá bem com eles. Assegura-se a obediência não para que o pai seja obedecido para o seu próprio bem. Os pais devem ser obedecidos para o bem dos filhos. São eles os diretos beneficiários da obediência ao papai e à mamãe. O filho desobediente afasta-se da bênção que lhe foi prometida. O pai ou a mãe devem rapidamente restaurar a criança ao apropriado relacionamento com Deus e com seus pais. Quando a criança retorna ao círculo da bênção, as coisas vão bem para ele e desfruta de vida longa.

SEGURANÇA OU PERIGO

O círculo da submissão à autoridade dos pais é o lugar de segurança. Por conseguinte, estar fora desse círculo é lugar de perigo.

Seu filho está em perigo ao mostrar-se rebelde e desobediente. Você, portanto, deve conduzir seu retorno à proteção e segurança.

RESGATE

A vara e a comunicação têm a função de resgatar. Você deve conduzir seu filho, do perigo da rebelião e desobediência para o círculo da segurança. Quando o filho desobedece, não é apenas à mamãe e ao papai; ele desobedece a Deus. Torna-se sujeito à disciplina e à correção que Deus determinou para filhos desobedientes. A função da disciplina é restaurá-lo à segurança e proteção exemplificada no círculo.

Tenho desenhado este círculo para meus filhos muitas vezes, rogando que se submetam voluntariamente à autoridade, explicando que a disciplina não é o papai expressando a sua ira, mas, pelo contrário, é o papai em uma missão de resgate. Tenho perguntado a eles: "Como é que eu poderia ver qualquer um de vocês em perigo e não procurar resgatá-lo?"

DEFINIÇÃO DE HONRA

Honrar os pais significa tratá-los com respeito e estima por causa de sua posição de autoridade. É honrá-los por causa de seu papel de autoridade. Se um filho honra seus pais, isso acontecerá como resultado de dois fatores: (1) O pai tem de treiná-lo a fazê-lo. (2) O pai tem de mostrar-se honrado em sua conduta e comportamento.

Não é fácil treinar os filhos para honrarem os pais em uma cultura em que ninguém é honrado. Um dos modos mais claros de mostrar a honra é na forma como os filhos falam com seus pais. Os filhos nunca deveriam falar com seus pais com imperativos. Nunca deveriam falar com a mamãe e o papai como se estivessem falando com um amigo. Eles devem ser ensinados a expressarem seus pensamentos de maneira adequada e respeitosa.

Isto pode ser feito amavelmente, através de frases como esta: "Desculpe, querido, mas não fale comigo dessa forma. Deus me fez sua mãe e disse que você tem de me tratar com honra. Agora, vejamos se há uma forma respeitável para que você expresse o que quer dizer".

Ou: "Querido, eu não sou um de seus colegas. Pode falar com seus amigos dessa forma audaciosa, mas não pode falar assim comigo. Agora, o que era mesmo que você queria dizer?" Ou: "Querido, você não pode me dar ordens. Pode fazer pedidos, mas não pode me dar ordens, porque Deus me fez autoridade sobre você".

Não espere para ministrar este treinamento até os filhos tornarem-se adolescentes. Se o fizer, sofrerá a indignidade do desrespeito deles. Lide com este ensino logo nos primeiros anos de vida de suas crianças. Os adolescentes respeitosos se desenvolvem quando têm 1, 2, 3, 4 ou 5 anos, e não quando têm 13, 14, 15 ou 16 anos. (Se está sendo confrontado por adolescentes desrespeitosos, aproprie-se destes conceitos e converse com eles sobre como deveria tê-los educado.)

Há pouco tempo, observei uma conversa:

- Querido, agora quero que fique sentado.
- Por quê? – diz o filho, com um sorriso audacioso.
- Acho que precisa acalmar-se um pouco.
- Por quê? – com o mesmo sorriso provocador.
- Porque...
- Por quê?
- Porque...
- Por quê?
- Porque...
- Por quê?

Após alguns minutos, a mãe do rapazinho virou-se para mim, explicando: "Às vezes, simplesmente não consigo fazê-lo ficar sério".

Este jovem estava sério. Sabia que sua mãe queria sua cooperação, mas não se submetia a ela. As coisas não poderiam ser mais sérias.

Um pai respeitoso para com os seus filhos, e que os ensina com dignidade e respeito, será respeitado por eles. Você não deve gritar com seus filhos. Não deve torná-los seus escravos. Sofrer indignidade de sua parte não os fará serem submissos à autoridade. Quando não for respeitoso e cortês, ou pecar contra eles, deve pedir perdão. Existe o princípio de semear e colher. O que você semear colherá. Isso, como todas as áreas, é verdadeiro também na educação dos filhos.

DEFINIÇÃO DE OBEDIÊNCIA

A obediência está fora de moda em nossa cultura. Você pode encontrar quem ministre aulas de treinamento em autoafirmação, mas tente encontrar aulas de submissão. A obediência é a submissão voluntária de uma pessoa à autoridade de outra. Isso significa mais do que um filho fazer o que lhe mandam. Significa fazer o que lhe mandam **SEM DESAFIO, SEM DESCULPA E SEM DEMORA**. Frequentemente, a submissão significa fazer o que não desejamos fazer, ou pelo menos, o que não queremos fazer no momento.

Se incentivar seus filhos e anunciar que os levará ao parque de diversões naquele dia, não deveria considerar a cooperação deles como submissão. Estão fazendo o que querem. Podem estar aceitando a sugestão do pai, mas não é submissão por ser algo que queriam fazer. O meu argumento é o seguinte: a submissão à autoridade significa que seu filho terá de fazer coisas que não deseja fazer.

Você treina seu filho na obediência. Pode treiná-los a obedecer, apenas após ter gritado. Pode treiná-los a obedecer, se quiserem. Pode treiná-los a obedecer, após haver implorado e ameaçado. Pode até mesmo treiná-los a não obedecer de forma alguma. Até mesmo este é um tipo de treinamento na obediência.

Quando suas orientações esbarram em um discurso sobre a injustiça daquilo que você pediu, então seus filhos não estão obedecendo. Quando você enfrenta desculpas ou argumentos, não estão obedecendo. Quando se recusam a atender imediatamente, não estão obedecendo. A submissão à autoridade significa que eles obedecem sem demora, sem desculpa e sem desafio.

É fácil pensar sem clareza sobre a obediência. Quando você diz à sua filha: "Querida, vá para a cama agora", há apenas uma resposta apropriada. Esta resposta não é: "Por que sempre tenho de ir para a cama cedo?" E, também, não é ignorar totalmente a sua ordem.

Há apenas uma resposta obediente: é ir para a cama, imediatamente. Se aceitar outra resposta, está treinando seus filhos a desobedecerem.

Lembre-se do que está em jogo: tudo irá bem com seus filhos e desfrutarão de uma longa vida. Eles precisam honrar e obedecer.

CHAMADA À CONSISTÊNCIA

O pai dedicado deve estar preparado para navegar contra a correnteza. Nossa cultura perdeu o conceito de submissão à autoridade.

Você tem de ser consistente. Precisa treinar seus filhos a obedecerem através de cuidadosa disciplina e instrução exata. As regras precisam ser as mesmas, a cada dia.

Se eles têm de obedecer, você precisa desafiá-los a resistir à desobediência e perseverar até que as lições de submissão sejam aprendidas.

A vitória não vem para o coração fraco. Você raramente verá maior força de vontade em outra pessoa do que em um bebê que está decidido a não obedecer.

Orientações claras e reforço integral são essenciais. Nunca permita que seus filhos desobedeçam, antes lide com eles. Ao desobedecerem, saem do âmbito da bênção de Deus para se exporem a grave perigo. Se você entende o temor do Senhor, não permitirá que seu filho ignore a lei de Deus, sem intervir. Sua intervenção é fazê-lo retornar ao âmbito da bênção.

Alguns pais argumentam: "É uma glória ignorar uma ofensa". Isso soa como uma justificativa para permitir a desobediência. Eles não entendem a questão. A obediência aos pais não é uma questão entre pai e filho. Se fosse, o pai poderia ser seletivo acerca de quando desejaria ser obedecido. A obediência não é simplesmente um assunto entre o pai e o filho. É uma questão entre o filho e Deus, em que o pai é o agente de Deus ao conduzir a criança de volta ao âmbito da bênção divina. Não é uma glória deixar passar ofensas deste tipo.

Uma vez que sejam aprendidas, as lições de submissão atuam por toda a vida! Hoje, enquanto escrevo, meus filhos estão no Ensino Médio e na faculdade. Há anos, não temos enfrentado problemas acerca da submissão. Deus é fiel à sua promessa.

PERMISSÃO PARA APELO À AUTORIDADE

Uma vez que os filhos entendam que são criaturas sob autoridade e que nem sempre podem fazer o que gostam, você pode começar a ensinar-lhes como apelar à sua autoridade.

Você não pode aceitar recusa em obedecer. Não pode aceitar a obediência, apenas quando seus filhos estão convencidos de que é correto e justo. Eles não podem exigir argumentos acerca da adequação de suas orientações. Seus motivos têm de estar firmes; eles são inegociáveis.

Você pode, porém, ensinar-lhes a apelar à autoridade. Seus filhos não são máquinas. Têm ideias e pensamentos. Daniel 1 mostra como apelar à autoridade. É importante ensinar seus filhos a apelar de maneira respeitosa.

O processo do apelo é uma válvula de segurança ao requisito bíblico da obediência. É uma verificação de segurança em duas direções: (1) É uma verificação contra um capricho de sua parte. Talvez você tenha decidido sem pensar cuidadosamente. O apelo provê um contexto em que você pode meditar e mudar sua orientação, caso tenha sido inadequado em sua ordem. (2) É uma válvula de segurança para seus filhos. Eles sabem que têm permissão para apelar a uma ordem. Sabem que mamãe e papai irão honestamente reconsiderar e rescindir sua ordem, se a mudança for boa para eles ou para a família. Isso livra as crianças do sentimento de que não podem "lutar contra o governo". O procedimento do apelo é uma boa válvula de segurança "pós-comando".

Existe uma importante válvula de segurança "pós-comando" para os pais. O pai sábio avaliará se a ordem que está dando é necessária e apropriada.

Por exemplo: imagine que seu filho está lendo na cama. Está na hora de apagar as luzes. Você poderia simplesmente virar o interruptor. Poderia dizer a ele para apagar as luzes. Seja como for, o dever do filho é obedecer. Ou você poderia perguntar: "Quantas páginas faltam até o final do capítulo. Ah! Só uma página e meia. Tudo bem, você pode terminar e, depois, apagar as luzes". Um pai sábio exercita a sensibilidade às necessidades e desejos de seus filhos, enquanto lhes fornece orientações. Seu desejo é imitar a autoridade divina que é verdadeiramente amável.

PADRÃO PARA APELO

Há algumas linhas importantes a seguir ao se fazer um apelo bíblico:

1. A criança deve obedecer imediatamente, não depois do apelo.
2. Deve apelar de uma maneira respeitosa.

3. Deve estar preparada a obedecer, de qualquer forma.
4. Deve aceitar o resultado do apelo com um espírito gracioso.

ILUSTRAÇÃO DE APELO

A mãe diz: "Está na hora de ir para a cama". O filho começa a ir para a cama e, enquanto está a caminho, pode perguntar: "Será que eu poderia terminar de colorir a minha figura?". A mãe diz: "Sim, pode terminar". Ou, ela diria: "Não, querido, você ficou acordado até tarde ontem à noite. Você precisa dormir". Seja qual for a resposta, o filho deve estar preparado a obedecer sem desafio, sem desculpa, sem demora.

Deveria ser um hábito nosso dizer sim a um pedido, a menos que haja boas razões para dizer não. É fácil fazer escolhas autoritárias simplesmente por conveniência.

Os benefícios deste procedimento de apelo são óbvios. A criança tem algum recurso. Ela aprende a submeter-se à autoridade em um contexto que não é arbitrário. Aprende a abordar seus superiores de uma maneira respeitosa. O pai tem a oportunidade de repensar uma decisão. O pai pode mudar de ideia no contexto do apelo respeitoso, mas não em presença de clara rebelião.

A IMPORTÂNCIA DO EXEMPLO

É difícil ensinar a submissão à autoridade em uma cultura em que temos poucos modelos a seguir. Houve época em que os adultos forneciam exemplos de submissão à autoridade. A esposa (mãe) se submetia ao esposo (pai) como o chefe da casa. O homem (pai) se submetia a seu chefe. Havia um respeito geral pela lei na sociedade. Havia um conceito geral sobre a posição de cada um, na vida e na maneira apropriada de comportar-se.

Vários movimentos liberais, na segunda metade do século XX, mudaram esse conceito. Visto que o interesse de nossa cultura na igualdade e dignidade dos indivíduos não se baseia na Escritura, perdemos a ideia do respeito pela pessoa em seu ofício ou lugar de autoridade. Portanto, nossos filhos estão crescendo em uma cultura destituída do modelo de submissão à autoridade.

Precisamos fornecer exemplos de submissão aos filhos. Isto pode ser feito através da autoridade bíblica do esposo (o pai) ou da submissão ao esposo (por parte da mãe). Pode ser feito através da submissão aos empregadores. Pode ser demonstrado através de seu relacionamento com o governo e com a igreja. Certifique-se de que suas interações com várias autoridades sejam exemplos de submissão.

A forma como reagimos aos desapontamentos com as autoridades na sociedade, no trabalho e na igreja ensina aos filhos como se portarem em relação a autoridade. As atitudes reveladas ensinam ou a submissão bíblica ou a independência e a rebelião não bíblicas.

PASTOREANDO SEUS FILHOS NAS ATITUDES SANTAS

Uma preocupação primária, neste livro, é a orientação aos filhos em direção a Deus. Pastorear esse relacionamento é uma das tarefas principais da criação de filhos.

O aprender a submeter-se a autoridade apresenta belas oportunidades de pastorear o relacionamento de seu filho com Deus. Ele ordena aos filhos que obedeçam à mamãe e ao papai. Essa é a ordem de Deus. Seus filhos necessitam ser conduzidos a viver no mundo como criaturas de Deus; isso significa submissão, em todas as coisas, a esse Deus bondoso e sábio. O chamado à submissão à mamãe e ao papai é um chamado a confiar em Deus, em vez de confiar no "eu", que lhe diz para não se submeter. O "eu" diz: "Faça o que quiser, quando quiser, como quiser".

Que oportunidade maravilhosa de falar com os filhos sobre a rebelião de seus corações! Mostre-lhes como são inclinados a desobedecer sem pensar, a dar as costas àquilo que é bom para eles. Confronte-os com sua própria fraqueza e incapacidade de obedecer a Deus, a menos que Deus atue dentro deles. O que acontece à criança que se torna convicta de que a obediência é boa para ela? Desaparecem os problemas que ela enfrenta com a submissão? Não, assim como não desaparecem os seus problemas quando você sabe que tem de submeter-se. Ela continua a ser tentada a evitar fazer o que é bom e correto. Porém, a convicção de que a obediência é benéfica a leva a Deus. Ela tem de aprender a buscar em Deus a ajuda e a força para obedecer.

O evangelho parece irrelevante para a criança egoísta, de quem não se exige que faça o que não queira. Parece sem valor para o filho arrogante, que ouviu durante toda a vida o quanto ele é uma pessoa maravilhosa. Mas o evangelho tem grande relevância para o filho que é persuadido de que Deus o chama a fazer algo — submeter-se alegre e voluntariamente à autoridade de mais alguém! — que não é inato ao seu coração pecador. Apenas o poder do evangelho pode conceder a um coração disposto a força para obedecer.

BENEFÍCIOS QUE ADVÊM DE SE APRENDER A ESTAR SOB AUTORIDADE

Deus prometeu aos filhos, que honram e obedecem, o ver os planos darem certo e o desfrutar de vida longa na terra. Obviamente, o filho que se submete à autoridade dos pais é ricamente abençoado. Lamento profundamente ver filhos a quem nunca foi ensinado estas questões e a quem a vida derrotou, por causa de seu comportamento rebelde e insubmisso. Ao contrário, alegro-me ao ver pais internalizarem estas questões e criarem seus filhos com um respeito sadio e submissos à autoridade. O resultado são filhos que desfrutam de bênçãos. São respeitados pelos professores. Recebem oportunidades especiais. São estimados por seus amigos na comunidade cristã. A submissão genuína à autoridade instituída por Deus produz bom fruto.

O filho treinado na obediência bíblica é mais apto para entender o evangelho. O poder e a graça do evangelho são entendidos mais profundamente, não por aqueles que deixam de encarar seus deveres bíblicos, mas por aqueles que os encaram. Ao reconhecermos nossa resistência inata à autoridade, reconhecemos nossa incapacidade de fazer o que Deus ordenou e somos confrontados com nossa necessidade da graça e do poder de Jesus Cristo. A oração de Paulo adquire importância ao sabermos que ele pede a Deus que opere, com grande poder, pelo seu Espírito, no homem interior. Somente esse poder pode levar seus filhos ao ponto em que Deus protege e abençoa.

Quais são as lições secundárias da disciplina bíblica? Embora o filho possa não apreciar inteiramente a importância da submissão, treiná-lo a fazer o que deve, independentemente de como se sente, prepara-o para ser uma pessoa que vive pelos princípios e não pelos sentimentos ou impulsos. A criança aprende que não pode confiar em si mesma, a fim de julgar entre o certo e o errado. É instruída a perceber que deve existir um ponto de referência fora de si mesma. Aprende que o comportamento tem implicações morais e resultados inevitáveis.

GANHAR TEMPO – FAZER O CERTO

Em certo inverno, o serviço estava escasso. Eu trabalhava como autônomo, e o único serviço que pude fazer foi construir um subsolo. O único problema foi que a casa já tinha sido construída. Passei o inverno com uma equipe, escavando e derrubando paredes e chão. De fato, construímos um subsolo debaixo de uma casa que já existia. Era uma valiosa propriedade, de frente para o lago, e o investimento valia a pena, mas posso testemunhar que é melhor construir primeiro o fundamento e depois construir a casa!

A questão — submissão à autoridade — é fundamental em todo o relacionamento pai-filho. E possível construir esse fundamento após a casa estar começada. No entanto, é mais difícil e mais caro.

Se seus filhos são pequenos, faça corretamente desde o começo. Não deixe que se desenvolvam hábitos de desobediência. Garanta que aprendam a obedecer sem desafio, sem desculpa e sem demora.

Não perca tempo, tentando confeitar a submissão, a fim de torná-la digerível. Obedecer quando faz sentido não é submissão é acordo. Submissão significa necessariamente fazer o que não queremos fazer. Nunca é fácil ou sem dor. A verdadeira submissão bíblica é encontrada no conhecimento de Cristo e sua graça. Não tente fazer algo que não exija graça. Não reduza a submissão à autoridade a algo que se adapte ao homem natural e às habilidades naturais.

A seguir, veremos como proceder no treinamento dos filhos, nesta fase da infância à pré-escola.

APLICAÇÃO PRÁTICA

1. Porque a obediência é a melhor coisa para o seu filho?
2. Quais as promessas que Deus faz àqueles que honram e obedecem aos pais?
3. Que regras você deveria estabelecer para implementar a autoridade bíblica?
4. Como você pode falar com seu filho, em idade escolar, a fim de mudar o seu lar problemático em um lar organizado adequadamente?
5. Por que dar espaço ao apelo é tão importante no processo de criação dos filhos?

6. Que perigos devem ser evitados no processo do apelo?
7. Você é um bom modelo de submissão à autoridade?
8. Quais padrões de desobediência você tem tolerado em seu lar?
9. Quais padrões de desrespeito você tem tolerado em seu lar?
10. Em quais áreas você precisa clarificar para estabelecer a autoridade em seu lar?
11. Quais os efeitos negativos de seu fracasso em estabelecer autoridade bíblica?
12. Que promessas da Escritura o encorajam a estabelecer autoridade em seu lar?
13. Reproduza e explique a figura 7.

… Capítulo 15

Da infância à pré-escola: Procedimentos de treinamento

Costumávamos observar padrões cíclicos no comportamento de nossos filhos. De tempos em tempos, ficavam teimosos. Na verdade, não estavam em rebelião, mas sua obediência tornava-se letárgica. Havia um crescente atraso entre o receber e o atender uma orientação.

Redobrávamos os esforços. Procurávamos ser mais precisos ao dar as orientações. Ficávamos mais consistentes na disciplina. Continuávamos lembrando, rogando, utilizando senhas familiares, *etc*. Voltávamos ao básico: falar uma vez e aguardar a obediência; disciplinar se a obediência não se manifestasse.

Da noite para o dia, nosso lar tornava-se pacífico novamente. Os filhos ficavam felizes e obedientes, e nós mostrávamos mais paciência. Sentíamo-nos outra vez bem- sucedidos como pais.

Um dia, nos demos conta! Estávamos produzindo os ciclos. Quando tudo ia bem, ficávamos relapsos. Com o passar do tempo, a deterioração no comportamento de nossos filhos tornava-se dolorosamente óbvia. Então, reagimos com coragem e esforços renovados.

Ensinar os filhos a estarem sob autoridade exige estar preparado a disciplinar toda a desobediência. A consistência é necessária se seus filhos têm de aprender que Deus requer deles a obediência.

A desobediência, unida ao fracasso em disciplinar, envia mensagens dúbias. Por um lado, dizemos que eles têm de obedecer, afirmando que o seu bem-estar temporal e eterno está ligado à obediência. Por outro lado, aceitamos a desobediência e toleramos o comportamento que os põe em risco.

Relembre comigo o quadro do capítulo anterior. Em Efésios 6.1-3, os caminhos de Deus formam um círculo de grande bênção. Os filhos devem viver no círculo da submissão à autoridade dos pais.

A submissão aos pais significa honrar e obedecer. Neste âmbito, encontram-se a bênção e a vida longa.

Fig. 8 - Resgate do perigo

Tão logo seu filho saia do círculo de segurança, precisa ser resgatado do perigo da obstinada independência de sua autoridade. Sua autoridade representa a autoridade de Deus (lembre-se de que os pais exercem a função de agentes dele). O esquadrão de resgate é a mamãe e/ou o papai armados com os métodos que Deus deu, isto é, a vara e a comunicação.

Nestes primeiros anos da infância a vara é primária, porque Deus a ordenou. Lembre-se que Deus afirma: "A estultícia está ligada ao coração da criança, mas a vara da disciplina a afastará dela" (Provérbios 22.15).

Uma criança não dá o devido valor às palavras apenas. Sua atenção é assegurada quando as palavras são concluídas com umas varadas sadias.

O "QUANDO" DA VARA

Em que ocasião uma criança precisa ser disciplinada com a vara? Isto é indicado quando você deu uma ordem que ela ouviu e tinha capacidade de entender, mas não obedeceu sem desafio, desculpa ou demora. Se você deixa de aplicar-lhe a vara, deixa de levar a Palavra de Deus a sério. Está dizendo que não acredita no que a Bíblia ensina a respeito da importância destas questões. Está dizendo que não ama com suficiência a seu filho, a ponto de fazer as coisas dolorosas que Deus o chamou a fazer.

O "quando" da vara é tão simples, que os pais não o percebem. Se seu filho não obedeceu, precisa da vara. Se deixou de atender a sua ordem, saiu do círculo de segurança.

Se a obediência é tão absolutamente necessária para ele, você não pode tolerar a desobediência. Se, às vezes, a desobediência é aceitável, então, por que não o é sempre?

O fracasso em ser consistente é negligência de nossa parte. A inconsistência significa que a correção gira em torno de nossa conveniência, em vez de girar em torno do objetivo e do princípio bíblico. Enquanto ainda são pequenos, devemos ensinar-lhes que a obediência é uma necessidade, não uma entre muitas opções.

Se você aceita o desafio, a demora ou desculpas da parte da criança, não a está treinando na submissão. Pelo contrário, está treinando seus filhos a manipular autoridades e viverem à beira áspera da desobediência. Você não deve avisar com antecedência. Não deve perguntar se eles querem apanhar. Se o fizer, estará treinando-os a esperarem pelo aviso antes de obedecer. Seus filhos precisam entender que, ao falar pela primeira vez, você falou pela última vez. Às vezes, o desafio à autoridade de Deus (dirigido a você, como seu agente) não é apenas deixar de obedecer. Às vezes, é verbal. Talvez a criança diga não ao seu pedido. Talvez você receba um "por que" de protesto. Talvez receba um olhar de desgosto e menosprezo. Em qualquer de suas formas, a rebelião deve ser parada. Lembre-se: a questão em jogo é o bem do seu filho. Seu filho desobediente saiu do contexto da bênção — submissão à autoridade dos pais.

O "COMO" DA VARA

Como você aplica a vara? Há muitos problemas a evitar. Evite reagir com ira. Trate seu filho com o devido respeito por sua pessoa e dignidade. Balanceie firmeza resoluta com amabilidade e mansidão. Aplique a vara, focalizando as questões do coração.

Os seguintes passos podem fornecer uma disciplina que preserva a dignidade da criança:

1. Leve seu filho a um lugar reservado, onde possa falar-lhe com privacidade, a disciplina não deve roubar a dignidade de um filho. Nunca o discipline diante de outras crianças. O objetivo não é humilhá-lo. Mostre-lhe respeito, oferecendo-lhe privacidade.

2. Diga-lhe especificamente o que ele fez ou deixou de fazer. A disciplina física deve estar ligada a questões específicas, facilmente demonstráveis. À medida em que a compreensão das questões mais abstratas aumenta, você pode, aos poucos, corrigir por atitudes mais generalizadas; mas é conveniente não agir desta forma com crianças de idade pré-escolar. Sua aplicação da vara deve ser orientada pela questão em foco. Deve haver uma atitude específica ou um incidente o qual a vara destina-se a corrigir. Não discipline por "razões genéricas" ou porque você "está saturado".

3. Assegure-se da compreensão da criança quanto ao que ela fez. Isso sempre toma algum tempo. Muitas vezes, as crianças vão querer evitar de tal forma a disciplina que mentirão sobre o que fizeram.

A conversa pode ser assim:

– Papai lhe disse que você tinha de guardar os brinquedos, não disse?

– Sim. – balançando a cabeça.
– Você não me obedeceu, não é?
– Não. – olhando para baixo.
– Você sabe o que o papai tem de fazer. O papai tem de corrigir você.

A criança reconheceu o que fez. As respostas dela devem garantir-lhe que ela sabe o porquê de estar sofrendo a disciplina.

4. Lembre ao seu filho que a função da vara não é expressar sua frustração ou a sua ira, mas restaurá-lo ao lugar onde Deus prometeu a bênção. Demonstre sua preocupação pelo fato de que seu filho está distante do lugar de submissão à sua autoridade. A aplicação da vara deve refletir sua obediência à ordem de Deus e sua preocupação pelo bem da criança. Qualquer outra coisa é simplesmente espancar seu filho. E você não tem o direito de bater nele, em nenhuma , exceto na disciplina bíblica.

5. Diga-lhe quantas varadas ele receberá. (Isto é um sinal importante de que você está sob controle.)

6. Se a roupa for grossa, remova-a, a fim de que a surra não se perca em meio à proteção das roupas. Isso deve ser feito no último momento possível. A roupa deve ser recolocada tão logo você termine. E recomendável colocar a criança ao colo, ao invés de sobre uma cama ou uma cadeira. Essa medida põe a disciplina no contexto do seu relacionamento físico. A criança não está sendo afastada de você, para um objeto neutro, a fim de ser disciplinada.

7. Depois de ter aplicado a vara, ponha a criança no colo e abrace-a, dizendo-lhe o quanto a ama, o quanto causa-lhe tristeza bater-lhe e o quanto você espera que não seja mais necessário. Esse contexto mantém a disciplina relacionada à restauração, não à retribuição.

Neste ponto, deve haver total restauração entre você e seu filho. Se ele está com raiva de você e recusa-se a receber seu afeto, então algo está errado.

Verifique seu próprio espírito. Você o segurou com aspereza? Estava fora de controle? Pecou contra ele na maneira como o disciplinou? Se o fez, deve confessar seu pecado e buscar a restauração.

Verifique o espírito dele. A sua ira é um reflexo da rejeição à sua disciplina? Ele está com raiva de você? Esta raiva é demonstração de que está tentando puni-lo pelo que você fez? Então, a sessão de disciplina ainda não acabou.

Sempre fomos guiados por Hebreus 12.11: "Toda disciplina, com efeito, no momento não parece ser motivo de alegria, mas de tristeza; ao depois, entretanto, produz fruto pacífico aos que têm sido por ela exercitados, fruto de justiça". Se a disciplina não produziu uma colheita de paz e justiça, não está terminada. Em algumas ocasiões, tivemos de dizer a nossos filhos: "Querido, papai bateu em você, mas você ainda não está muito bem. Vamos voltar lá para cima, para apanhar novamente".

Este processo de restauração é fundamental. Se a questão não foi sua ira pessoal, mas emerge do fato de a criança ter saído do círculo de segurança, você não deve querer que seu filho fique longe da bênção. Nem mesmo você desejará ficar longe da bênção. Não deve haver dúvidas, quando a disciplina chega ao fim. A situação deve ser bem clara para ambos, pai e filho. É tempo de começar a restauração. O processo de restauração assegura-lhe que a disciplina está concluída.

8. Ore com ele. Encoraje-o com o fato de que Cristo foi morto porque somos pecadores. Há perdão em Cristo. Ele pode ser conhecido; ele é capaz de remover o coração de pedra de seu filho e dar-lhe um coração de carne. Cristo é poderoso para capacitá-lo, por seu Espírito, e levá-lo a obedecer a Deus. Cristo pode dar-lhe força e capacidade para obedecer no futuro.

Você precisa pastorear seus filhos nos caminhos de Deus, o tempo todo. Não há, porém, outra ocasião mais poderosa para clamar pelo evangelho do que na ocasião em que seus filhos são confrontados com a necessidade de graça e de poder, em Cristo, durante a disciplina. Quando a cera está macia, esta é a hora certa para imprimir as glórias da redenção de Cristo.

Em termos dos métodos de treinamento, você está usando ambos os processos que Deus lhe outorgou: a vara e a comunicação. Por estar lidando com filhos pequenos, há uma forte ênfase na inegável e palpável experiência da disciplina. Suas palavras adquirem importância para uma criança pequena, ao serem sublinhadas com algumas varadas.

Relembre o Capítulo 7, "Descartando métodos não bíblicos". Ou você corrige e disciplina biblicamente, ou, inevitavelmente, cai em um dos métodos que rejeitamos no Capítulo 7. Alguns pais sucumbem ao suborno, fazem acordos, insistem na mudança do comportamento, fazem apelos emocionais carregados, tiram privilégios, *etc*. Não há pais que não treinem. Todos os pais treinam de alguma forma. O problema é que, em sua maioria, o treinamento é pobre.

O "PORQUÊ" DA VARA

O "porquê" da vara é este: Deus a ordena. Além disso, a vara capacita o pai a lidar com as questões do coração.

Lembre-se de que o coração dirige o comportamento. A disciplina se dirige ao coração. Ela não focaliza apenas o comportamento. O mau comportamento representa uma falha em obedecer e, portanto, é a ocasião para a correção; porém, o ponto em foco não é o comportamento. O ponto em foco é o coração da criança que é chamada a submeter-se à autoridade de Deus. O objetivo da disciplina não é simplesmente modificar o comportamento, mas trazer a criança à doce, harmoniosa e humilde submissão do coração à vontade de Deus, a fim de que obedeça à mãe e ao pai. O coração é o campo de batalha. A vara entra em cena por ser o método de Deus para afugentar a insensatez do coração de seu filho.

Você precisa disciplinar para conseguir a atenção de seu filho. Isto o capacita a abordar o coração dele. Você fica preocupado com o comportamento, porque o comportamento reflete o coração. Enquanto vê o aqui e o agora, sabe que há mais em jogo.

Onde seu filho estará, daqui a trinta anos se ninguém desafiar sua determinação de fazer o que deseja e quando quer? Que tipo de marido ele será se recusa a submeter-se ao governo de Deus? Que tipo de empregado será se nunca aprender a submeter-se à autoridade de Deus?

Onde estarão seus netos, daqui a cinquenta anos, se a insensatez atrelada ao coração de seu filho jamais for afugentada? Como verá sua necessidade de perdão e de graça, em Cristo, se não encarar a rebelião inata de sua natureza e a incapacidade de obedecer a Deus de coração?

PERGUNTAS E ARGUMENTOS FREQUENTES

Quando ensino, em muitos lugares ao redor do mundo, acerca do pastoreio de crianças pequenas, estas perguntas são feitas com frequência:

Quando é que meu filho tem idade suficiente?

Enquanto seu filho tiver idade suficiente para resistir a sua orientação, ele terá idade suficiente para ser disciplinado. Enquanto ele mantiver-se resistindo a você, estará desobedecendo. Se você deixar de responder às reações dele com disciplina, estas reações rebeldes serão incutidas nele. Quanto mais você demorar a disciplinar, tanto mais refratária se tornará a obediência.

A rebelião pode ser algo tão simples quanto um bebê resistindo à troca de fraldas ou se endurecendo no momento em você quer que ele permaneça sentado em seu colo. O procedimento da disciplina é o exposto acima. Não temos como saber o quanto uma criança, de um ano ou menos, pode entender aquilo que falamos, mas sabemos que o entendimento acontece antes da capacidade de articular.

A tentação é esperar até que os filhos possam falar e sejam capazes de demonstrar sua rebelião, e, então, lidar com ela. Quando nosso filho mais velho tinha aproximadamente oito meses de idade, enfrentamos a educação de nossa primeira criança móvel. Ele engatinhava por toda parte. Tínhamos uma estante feita de tábuas e tijolos. Temendo que esta pudesse cair sobre ele, Margy disse-lhe para não se aproximar da estante. Depois de afastá-lo do perigo, ela saiu da sala. Quando olhou para ele, observou que ele espiava a sala e, como não vira a mamãe, voltou em direção à estante proibida. Ali estava uma criança ainda pequena, incapaz de andar ou falar, olhando para ver se estava livre para desobedecer. Obviamente, ele tinha idade suficiente para ser disciplinado.

Se meu filho diz: "eu não ouvi"
Nunca desprezei a validade desta afirmação, mas tenho ensinado a meus filhos que não é aceitável. Um de nossos filhos parecia ter muita dificuldade em ouvir. Sentamo-nos com ele e tivemos esta conversa: "Você está demonstrando dificuldade em ouvir. Estou falando com você em um tom normal de conversa. Estou perto o suficiente para você me ouvir. Portanto, penso ser melhor você começar a desenvolver a habilidade de captar minha voz, em meio ao barulho do seu mundo. Quando você ouvir minha voz, deve aguçar os ouvidos. De agora em

diante, se você deixar de obedecer porque 'não ouviu', vou lhe corrigir por deixar de ouvir a minha voz".

Aplicamos-lhe a vara somente uma vez por falta de ouvir. Depois disso, o problema de audição ficou resolvido.

Se eu seguir o seu conselho, vou bater no meu filho o tempo todo

Frequentemente, parece aos pais que a precisão exigida pela obediência é pedir muito deles e de seus filhos. Na verdade, se os pais forem consistentes com a disciplina, verão rapidamente que as crianças reagem e a necessidade de disciplina diminui.

Será que você é seguidamente confrontado com a desobediência por que a tolera?

Enquanto não estiver disposto a exigir precisão na obediência, terá reações relaxadas para com as suas orientações. A consistência é a chave.

Há questões em longo prazo que estão em jogo. É possível superar a barreira da obediência antes que seus filhos tenham a idade escolar. Lamento por pais que passam a vida toda em competições de obediência com seus filhos quando a autoridade pode ser estabelecida cedo, na infância.

Pode haver dias em que não se consegue realizar muita coisa por causa das exigências da disciplina consistente. Mas a fidelidade produzirá uma boa colheita. É possível superar a questão da autoridade. A obediência básica não tem de ser um problema em seu lar se você lidar com ela nestes primeiros anos.

E se eu estiver muito irado?

Todo pai já sentiu grande ira diante de um filho desobediente. Este é um indicador claro de que você não está em posição de aplicar a disciplina bíblica. Quando está irado, você não está tratando de questões de correção bíblica. Está satisfazendo seu próprio senso de justiça. Se não tiver cuidado, pode estragar o processo de disciplina com sua ira profana.

Se estiver irado demais para disciplinar adequadamente, deve instruir seus filhos a se sentarem ou ir para o quarto deles. Então, busque a face de Deus. Arrependa-se de sua ira. Permaneça diante de Deus até ser capaz de lidar, de forma íntegra, com seu filho.

Se, na fragilidade ou fraqueza de sua carne, você pecar contra seus filhos, deve buscar o perdão deles. Buscar o perdão não é dizer: "Sinto muito por me haver irado com você e gritado; mas, quando você faz isso, eu..." Buscar o perdão é dizer: "Lamento. Pequei contra você. Estava irado. Tive uma crise temperamental e não há justificativa para esse tipo de comportamento. Por favor, perdoe-me". Quando apresentamos razões para o pecado, não estamos pedindo perdão, mas simplesmente justificando o pecado.

Se não estivermos em nossa casa?

Às vezes, os filhos desobedecem em horas ou em lugares inconvenientes. Em uma cultura que não distingue entre a disciplina bíblica e o abuso de crianças, não é sábio disciplinar os filhos em público. Se possível, procure um lugar privativo, a fim de aplicar a disciplina bíblica.

Quando os filhos são muito pequenos, podemos ter de deixar passar alguma coisa. Na verdade, este não é o grande problema, visto que a maior parte do tempo de seu treinamento se passa em casa. À medida que os filhos se aproximam da idade escolar, conseguem lembrar-se de acontecimentos muito tempo depois, o que possibilita que sejam corrigidos mais tarde, em circunstâncias oportunas.

Às vezes, você pode estar próximo de algum parente que desaprova a correção bíblica. – o aspecto da privacidade é abordado no parágrafo anterior. – Você deve usar discernimento cuidadoso. Alguns parentes denunciam os pais que batem nos filhos por abuso infantil. Conhecer os seus parentes deve permitir-lhe julgar a probabilidade de tal reação.

É importante manter a disciplina de seus filhos como uma questão privativa. Se está em outra casa, você pode solicitar um lugar onde possa conversar com seu filho em particular.

Estar com outras pessoas, quando seus filhos estão se comportando mal é muito desconfortável. Você pode sentir-se sob grande pressão social, a fim de obter sucesso. Pode temer que seus parentes esperem perfeição. Além disso, você deseja ser um bom testemunho para eles. Deseja que eles julguem que os métodos bíblicos estão produzindo fruto. É grande a tentação de resolver problemas através de algum meio-termo, a fim de evitar a vergonha. Nunca use seus filhos com a finalidade de promover suas convicções. O objetivo da disciplina não é evangelismo, e sim pastorear seus filhos. Usá-los para promover suas convicções ofende a dignidade deles e ameaça a integridade de seu relacionamento com eles.

Quando sentir a pressão dos observadores, retire-se da cena. Vá a um lugar privado, onde possa atender à necessidade de seu filho sem a pressão da observação pública.

E quando sei que meu filho está mentindo para mim?

Quando você sentir que seu filho está mentindo, um bom caminho inicial seria buscar uma resposta honesta através do diálogo. Se isso falhar (frequentemente falha), você precisa estabelecer uma conversa geral sobre a importância da integridade. Lembre a seu filho de que Deus exige integridade, que todas as coisas estão visíveis aos olhos dele e que, no final, teremos de prestar contas diante do seu tribunal. Discuta os benefícios da integridade. Ajude seu filho a ver como ele se beneficia da integridade.

Às vezes, nada disso vai dar resultado. A criança permanece implacável. O que fazer? Chamá-la de mentirosa? Nunca! Se disser a seus filhos que não acredita neles, você os desmoraliza. Se forem persuadidos de que jamais acreditará neles, não há razão para conversar ou para um futuro relacionamento. Recusar-se a chamar seus filhos de mentirosos e valorizar seu relacionamento com eles estimula a integridade. Tenho sido surpreendido com o grau de abertura na comunicação e até de autoincriminação que meus filhos têm revelado como resultado disto.

Se seu filho não disser a verdade acerca do que fez, então, poderá escapar desta vez. Isso é triste, mas a sua perda e a dele serão menores, se deixar passar o acontecido, do que se chamá-lo de mentiroso. Se ele o está enganando, você terá outras oportunidades de abordar a questão. É muito melhor falhar desta vez e preservar o relacionamento do que prejudicar seu relacionamento e, além disso, não ter condições de abordar o engano.

E se eu não tiver certeza do que aconteceu?

Se você não tem certeza e seu filho não lhe conta, então, não há nada a fazer. Existem muitas ocasiões em que você pode ter certeza do que aconteceu. Nestas ocasiões, pode lidar com as necessidades de seu filho. Se não tiver certeza do que aconteceu, como pode assegurar o reconhecimento de seu filho (passo 3 no procedimento da disciplina)? Como saber qual é a questão do coração se a situação for ambígua? Sua credibilidade aumenta quando você sabe o que aconteceu e não disciplina nas ocasiões em que as coisas não estão claras.

E se nada funcionar?

Há duas formas de olharmos para este problema. Primeiro, você precisa avaliar se há falhas ou inconsistências naquilo que você está fazendo. Segundo, você precisa estar preparado para ser obediente a Deus, quer pareça ou não produzir fruto imediatamente. A minha experiência tem sido que a maioria das afirmações de que a educação bíblica dos filhos não funciona pode ser explicada. A explicação é: ou há uma falha em ser consistente na disciplina, ou há alguma falta básica de integridade no relacionamento dos pais com Deus e com seu filho, ou ambas.

E se for muito tarde?

Talvez você diga: "Estou aprendendo todas estas coisas, mas meus filhos já não têm mais cinco anos de idade ou menos". Não há dúvidas, é mais fácil realizar corretamente a tarefa de educação dos filhos do que corrigir problemas. No entanto, visto que Deus é poderoso, jamais estamos na situação em que não há resposta obediente. Tenho visto famílias recuperarem terreno perdido através da paciente e honesta obediência à Palavra de Deus.

Eis o que se deve fazer:

1. Sente-se com seus filhos e explique seu novo aprendizado. Admita que errou ao educá-los. (Focalize suas deficiências, não as deles.) Ajude-os a verem como teriam sido ajudados, se tivessem sido *ensinados a submeterem-se à* autoridade quando eram mais novos.

2. Busque o perdão deles para suas falhas como pai.

3. Dê-lhes ordens específicas sobre as mudanças necessárias no seu comportamento, atitudes, *etc*. Discuta com eles estas coisas. Ajude-os a ver que o fato de se submeterem à autoridade lhes facilitará o sucesso em tudo.

4. Determine como você reagirá à desobediência, no futuro. Assegure-se de que entendem e se sentem confortáveis com a maneira como você reagirá.

5. Nenhuma nova abordagem pode ser realizada com sucesso se tiver como única finalidade a mudança de seus filhos. Eles reagirão favoravelmente às suas tentativas de ser biblicamente consistente em toda a vida. Porém, resistirão a qualquer coisa que se pareça com manipulação.

6. Qualquer coisa que você fizer exigirá paciência. É difícil para uma família mudar sua direção. O que vocês têm diante de si é uma questão de luta espiritual contra as forças do mal. Nisso está envolvido mais do que aplicar alguns princípios. Ore, busque a ajuda de Deus. Espere em Deus. Estude as Escrituras com seus filhos. Tente levá-los juntos com você em sua jornada espiritual. Compartilhe com eles o que está aprendendo e por que as mudanças em sua família são importantes.

Seu foco deve ser o que significa para você honrar a Deus através da vida em família, e não somente modificar o comportamento de seus filhos. O bom comportamento de seus filhos é um subproduto do honrar a Deus.

Nelson e Sueli vieram a Cristo quando suas filhas tinham cinco e nove anos de idade. Suas vidas tinham sido repletas de caos - vivendo no mundo, sem padrões e sem a verdade. Sueli passara a maior parte de suas horas lúcidas no divã de um psiquiatra. Nelson trabalhava demais, sempre se refugiando no álcool ou nas drogas. Suas filhas cresceram sem orientação; viviam em um mundo sem limites ou quaisquer padrões de referência.

Nelson e Sueli vieram a Cristo em uma igreja evangélica onde não havia um claro ensino bíblico sobre criação de filhos. Começaram a ler obras escritas por homens cristãos que aceitavam muitas ideias da psicologia, as quais não vinham da Escritura. Embora quisessem ajudar suas filhas, as coisas apenas pioravam.

Pela providência de Deus, começaram a aprender alguns dos princípios deste livro. Aprenderam sobre a figura

1, que expomos anteriormente, e as influências formativas. Suas filhas começaram a reagir em suas vidas através de um direcionamento para Deus. Eles começaram a pastorear suas filhas. Confessaram seu fracasso em criá-las apropriadamente. Dialogaram sobre no que consistiam os padrões de Deus. Concordaram entre si que sua correção e disciplina tomaria um novo rumo. Oraram com elas. Começaram a ter culto em família orientado para o conhecimento de Deus, e não somente uma leitura da Bíblia. Mostraram o amor de Cristo em sua vida familiar.

Pela graça de Deus, nos vários anos que se passaram, suas filhas mudaram. Começaram a entender a vida em termos do conhecimento de Deus. Cresceram no amor por seus pais. Foram resgatadas! Não tem sido um caminho fácil para Nelson e Sueli. É muito mais fácil construir a fundação antes de levantar a casa. Mas, graças a Deus, jamais nos encontramos em uma situação em que não há um caminho de obediência.

APLICAÇÃO PRÁTICA

1. Que princípios da Escritura deveriam guiar "o quando" usar a vara de correção?
2. Que elementos deveriam estar presentes "no como" usar a vara de correção?
3. Que problema no íntimo de seus filhos requer o uso da vara de correção?
4. Quais das "perguntas frequentes", abordadas neste capítulo, são as suas próprias perguntas?

5. Como a vara fornece oportunidades valiosas para ajudar seus filhos a verem sua necessidade da obra de Cristo?

6. O que você diria a alguém que argumentasse: "Bater é um conceito fora de moda que rouba dos filhos a sua dignidade"?

7. O que é mais fácil para você: bater ou conversar? Como você pode evitar o desequilíbrio nesta questão?

Capítulo 16

Da escola à pré-adolescência: Objetivos de treinamento

Chegou o dia de nosso primeiro filho ir à escola. Estávamos confiantes em seu sucesso. Tínhamos trabalhado na obediência por muitos anos. Ele havia aprendido a nos obedecer sem desafio, sem desculpa, sem demora.

Cumprimos todos os rituais de preparação. Fomos ao *shopping* para comprar uma lancheira. Compramos uma garrafa térmica. Achamos uma mochila adequada ao tamanho dele e a enchemos com lápis, borrachas, papel e lápis de cor. Compramos roupas escolares bem resistentes. Tínhamos certeza que o havíamos preparado de todos os modos.

Porém, para nossa infelicidade, descobrimos que nossa preparação era inadequada. Fizemos tudo corretamente em nossa viagem às compras; porém, era o treinamento que estava inadequado. Havíamos ensinado nosso filho a nos obedecer. O problema é que não estávamos na escola para dar orientação. Houve muitas situações — no ônibus escolar, durante o recreio, na sala de refeições — em que ele precisou de orientação.

Começamos a ver que precisávamos ter objetivos de treinamento diferentes para este novo período em sua vida.

FASE ESCOLAR

Estou usando o termo "fase escolar" para me referir ao período intermediário da vida da criança. Cronologicamente, esta é a idade entre cinco e doze anos. Estes são os anos entre a educação infantil e o ensino fundamental. É o período de tempo em que situamos a "infância". Este é o tempo entre o início da escola e a puberdade.

Novos desafios confrontam os pais. O filho está desenvolvendo uma rápida independência de escolha e personalidade. O filho está começando a passar mais tempo fora da orientação e da supervisão dos pais. Ele é confrontado com experiências que os pais não podem testemunhar ou escolher.

Nossos filhos estão desenvolvendo uma crescente independência de nós. Desenvolvem seus próprios pensamentos; têm suas próprias ideias sobre o que é engraçado, o que é desafiador e o que vale a pena. As suas habilidades estão definindo seus interesses, os quais expressam sua individualidade em desenvolvimento.

Um dia, meus filhos, na época com idades de 6 e 11 anos, decidiram fazer um trenó para descer do morro ao lado de nossa casa; foram ao barracão, cortaram as pranchas, montaram seu carrinho — tudo sem minha ajuda! Enchi-me de uma estranha mistura de emoções. Estava orgulhoso deles por serem capazes de fazer isso. No entanto, de alguma forma, me entristeci com o fato de que podiam fazê-lo sem mim. Senti-me estranhamente fora de lugar.

UMA GRANDE QUESTÃO

Presuma que você deu a seu filho o ensino da fase de infância à pré-escola. Ele conseguiu ver a si mesmo como uma criatura feita por Deus, para Deus. Entendeu o que significa estar sob autoridade. Aprendeu a obedecer, sem desafio, desculpa ou demora. Como você edifica sobre este fundamento?

DESENVOLVIMENTO DO CARÁTER

A grande questão, durante estes anos intermediários, é o "*caráter*". O caráter de seu filho deve desenvolver-se em várias áreas. Você deseja que ele aprenda a confiança, a honestidade, a amabilidade, a consideração, a prestatividade, a diligência, a lealdade, a humildade, o domínio próprio, a pureza moral e uma série de outras qualidades do caráter.

Você não pode estar com ele o tempo todo. Ele deve aprender o que fazer em situações as quais você não pode prever. Ele precisa de sabedoria bíblica. Sua consciência deve se desenvolver como o fator racional de sua alma, a fim de que saiba o que fazer quando você não estiver perto.

A MUDANÇA DE FOCO A PARTIR DA FASE PRÉ-ESCOLAR

Naquela fase, o foco era a obediência. Você estava preocupado em desarraigar a rebelião inata do coração de seu filho. Estava interessado em que ele confrontasse a tendência natural de resistir à autoridade. Portanto, você abordou a rebeldia e chamou seu filho à submissão à autoridade de Deus.

Exigir obediência é uma boa preparação, mas não lida com a questão que você deve abordar nesta fase. O processo de disciplina aborda o comportamento contestador. O que você deve focalizar neste ponto é o comportamento errado, mas não rebelde.

O egoísmo, por exemplo, não é contestador, mas é errado. Seu filho não deixou o círculo da bênção, mas dentro do círculo, mostrou um egoísmo ímpio e feio. Outro exemplo seria a zombaria. A criança pode ridicularizar seu irmão sem, necessariamente, tornar-se desobediente ou desrespeitosa com você. O objetivo é ajudá-lo a ver a indignidade de tal comportamento. Recordo-me de haver chegado em casa, um dia, e ver meus filhos sentados no chão, envolvidos em um jogo, enquanto minha esposa estava procurando fazer muitas tarefas simples que as crianças poderiam ter feito. Elas estavam fazendo algo digno. Não estavam engajadas em comportamento rebelde; não haviam desobedecido a sua mãe. Entretanto, eu estava descontente com a egoísta falta de preocupação da parte deles, ao ignorarem sua mãe tão atarefada. Se você nunca abordar o caráter, nunca passará da simples obediência.

UM DESVIO COMUM

Tenho visto pais tentarem resolver este problema fazendo mais regras. Esta é uma solução pobre. Logo, a vida familiar se torna sobrecarregada com mais regras do que os filhos e os pais podem se lembrar, muito menos seguir.

Conheci uma família que tinha regras sobre quanto tempo se podia usar o banheiro, pela manhã. Havia regras sobre cada detalhe, ao se prepararem para ir à escola - até mesmo sobre o número de escovadas no cabelo! Isto pode fazer você sorrir ou talvez se engasgar, mas era uma tentativa honesta de governar a vida familiar sem abordar as questões do caráter. Parecia mais facilmente administrável gerar regras do que abordar as atitudes.

Você sabe qual o problema dessa abordagem? É impossível fazer regras suficientemente amplas para prever todas as necessidades de orientação. Além disso, a mente adulta não é esperta o suficiente para fazer regras que a mente infantil não consiga burlar. Mais regras não funcionam!

Abordar o caráter põe a ênfase nas questões do coração. Isso capacita você a ir ao fundo das atitudes e abordar os pensamentos, as motivações e os propósitos do coração. Por exemplo: "Por favor, compartilhe seu chocolate com sua irmã" é uma questão de obediência. Até uma pessoa egoísta é capaz de compartilhar, ocasionalmente. A questão do caráter vai muito mais fundo. Deus exige mais do que ocasiões isoladas de compartilhamento; ele requer uma atitude de coração livre para dar sem pensamento de retorno. Abordar as questões do coração atinge abaixo da pele, no pastoreio dos corações de seus filhos.

O PROBLEMA DO FARISAÍSMO

A estruturação mediante regras é uma alternativa que foge da abordagem quanto às questões do caráter dos filhos. São produzidos filhos que aprendem a cumprir regras. Eles se tornam convencidos e cheios de justiça própria; tornam-se fariseus modernos, cujo copo está lavado e limpo por fora, mas sujo por dentro.

Jorge, um aluno da segunda série em uma escola cristã, era um exemplo de farisaísmo. Seus pais lhe haviam ensinado a obedecer. Na classe, ele cumpria as regras. Fazia seu trabalho e nunca falava ou saía do seu lugar sem permissão. Não provocava outras crianças no pátio. Era bem-comportado. O exterior do copo estava limpo. Intimamente, Jorge abrigava muitas atitudes perversas. Obviamente, pensava em si mesmo como melhor do que os garotos que precisavam de correção periódica. Era intolerante quando o ofendiam. Perdoava com ares de superioridade. Não tinha noção de sua própria pecaminosidade ou de sua necessidade de Cristo. Era cego para com suas atitudes egoístas e orgulhosas.

Os pais de Jorge eram pessoas gentis que amavam seu filho. Eles o haviam treinado cuidadosamente; porém, haviam lidado com questões exteriores de comportamento, sem abordarem as questões do coração. Jorge entendia o pecado como coisas exteriores, tais como: não obedecer seu professor. Ele não via como pecado sua constante preocupação consigo mesmo, sem importar-se com os outros.

Neste período intermediário da criação dos filhos, devemos abordar a questão do caráter.

INSTRUMENTO TRIDIMENSIONAL DE DIAGNÓSTICO

O próximo capítulo explora os "como" de se abordar o coração e a consciência. Antes de analisarmos o processo de abordagem do caráter, examinaremos um instrumento de análise e diagnóstico.

Você precisa de algum meio para examinar seus filhos e entender suas necessidades. É necessário um meio abrangente de organizar os aspectos que formam a personalidade. Precisamos de um padrão onde possamos delinear virtudes e fraquezas e concentrar nossa atenção em focalizar suas reais necessidades.

Este instrumento é suficientemente simples e amplo, servindo de grande ajuda. A cada seis meses, mais ou menos, faça este tipo de análise e diagnóstico das necessidades de seus filhos.

Fig. 9 - Três perspectivas sobre seu filho

O FILHO EM SEU RELACIONAMENTO COM DEUS

A primeira dimensão de análise é seu filho em seu relacionamento com Deus. A questão não é de evangelismo pessoal — ele tem um conhecimento de Deus? – A questão é: o que você discerne ser a natureza do relacionamento dele com Deus? Seu filho está vivendo sob uma necessidade consciente de Deus?

Qual o conteúdo do relacionamento dele com Deus?

Ele está interessado em conhecer e amar a Deus? Deus é uma fonte de força, conforto e ajuda? Ele faz escolhas que refletem o conhecer a Deus? Ele é motivado pelos caminhos e pela verdade de Deus? Está atento a realidades espirituais? Há evidência de que esteja levando um relacionamento independente (de vocês como pais) com Deus? Fala, às vezes, a respeito de Deus? Como ele se expressa acerca de Deus?

Como seu filho pensa sobre Deus? O seu Deus é pequeno ou grande? Ele pensa em Deus como um amigo, um juiz, um ajudador, um carrasco? Ele está vivendo na plenitude de Cristo ou está tentando adorar e servir a si mesmo?

Estas não são perguntas sobre o que seu filho conhece a respeito das verdades bíblicas. Estas são perguntas sobre o que ele conhece por experiência - não cognitivamente. São perguntas sobre o entendimento que ele possui acerca da natureza da graça e da salvação pela fé em Cristo. Para pastorear seu coração, para conduzi-lo a Deus, você tem de possuir alguma percepção de onde ele se encontra espiritualmente.

O FILHO NO RELACIONAMENTO CONSIGO MESMO

O que seu filho pensa sobre si mesmo? Com que precisão entende a si mesmo? Qual a consciência que possui de suas virtudes ou fraquezas? Ele entende sua própria personalidade? Tem consciência das propensões de sua personalidade?

Jennifer, a filha de meu amigo, é uma pessoa com um coração sensível à necessidade dos outros. Por causa disto, ela com frequência pode perceber o que os outros estão sentindo. Esta é uma excelente habilidade. Isso a torna sensível ao sentimento dos outros. Há um lado negativo nesta habilidade. Com facilidade tais pessoas permitem que os outros a manipulem. É fácil para ela não dizer aos outros como se sente ou o que pensa. Às vezes, ela é tentada a deixar alguém ganhar um jogo para que essa pessoa não fique decepcionada.

Ela precisa entender estas coisas sobre si mesma. Para que possa discernir estas qualidades sobre sua personalidade, meu amigo tem de entendê-las, a fim de ajudá-la. A maioria de nós aprende estas coisas eventualmente, mas somente depois de nos tornarmos adultos. Infelizmente, alguns adultos nunca entendem as questões de personalidade que motivam suas reações.

Somos combinações complexas de virtudes e fraquezas. Existem coisas que podemos realizar com facilidade. Porém, há outras que são dolorosas e árduas. Entender estas diferenças pode nos capacitar a amparar nossas fraquezas e desenvolver nossas virtudes. Seus filhos precisam aceitar e apreciar a si mesmos como uma combinação singular de virtudes e fraquezas — como pessoas que são exatamente o que Deus quer que sejam. Ajude-os a aceitarem a si mesmos como pessoas suficientemente capazes de fazer tudo o que Deus os chamou a fazer e a ser. Em uma palavra, você almeja que sejam felizes consigo mesmos.

Há outro aspecto do conhecimento de seu filho sobre si mesmo. Que atitudes para consigo mesmo ele evidencia? É tímido ou confiante? Arrogante ou inseguro? Está preso a temores? É capaz de comunicar-se com os outros? Ele tem uma falsa dependência dos outros? Sente-se melhor do que os outros, ou inadequado ao lado dos outros?

Harold, um aluno da primeira série, só se preocupa com relacionamentos. Tudo o que faz está revestido de implicações de relacionamento. Ao sentar-se junto aos outros alunos para a leitura, interage mais com aqueles ao seu redor do que com o material de leitura. Entrar na fila para o recreio é uma ocasião para conseguir reconhecimento de alguém. A hora de fazer as tarefas escolares torna-se significativa, se ele competir com alguém para ver quem termina primeiro (nem mesmo importa se os outros sabem que ele está competindo). Seus pensamentos sobre relacionamentos com garotas são sexualmente carregados com uma bagagem que um garoto de sete anos não deveria possuir.

Um professor hábil está ajudando os pais de Harold a entenderem seu filho. Ele os está ajudando a verem que seu filho é prejudicado por necessitar de relacionamentos de uma maneira idólatra. Harold precisa entender que somente Deus pode aplacar a sede da alma por relacionamento. Em suas vidas, muitas crianças exibem padrões claros de necessidade que nunca são entendidos por elas ou seus pais. Crescem e se tornam escravizadas a necessidades que começaram a germinar nos anos da infância.

Há ainda outro aspecto do relacionamento da criança consigo mesmo. Estas são qualidades próprias. Ela é capaz de cumprir uma tarefa sem ajuda externa? É capaz de trabalhar sozinha? Depende da aprovação dos outros ou é mais independente?

Você precisa entender o desenvolvimento de seu filho nestas áreas para que seja capaz de pastoreá-lo. Você precisa fazer as perguntas certas, para extrair as ideias dele sobre si mesmo, a fim de conduzi-lo a Cristo de maneiras que abordam a sede de sua alma.

O FILHO EM SEU RELACIONAMENTO COM OS OUTROS

Quais os relacionamentos de seu filho? Como ele interage com os outros? Que tipo de relacionamentos ele tem?

O que ele inspira nos outros?

Seus relacionamentos são equilibrados ou ele está sempre sob controle ou sendo controlador?

Ele faz tudo para conseguir a atenção dos outros?

É agradável às crianças de sua idade? Como ele lida com a decepção com as pessoas? Como reage quando é ofendido? Quais são as áreas de virtudes nos relacionamentos? Quais são as fraquezas?

Na escola cristã, Genny era do tipo "mandachuva". Nascera uma superintendente. Dizia às garotas se suas roupas estavam adequadas ou não. Informava a todas que roupa vestiria para ir à escola no dia seguinte. Se planejasse usar tranças, as outras garotas também deveriam usar tranças. Na hora do recreio, escolhia o jogo e, em seguida, os times!

Sua professora entendia a situação. Ela poderia ter dito a Genny para não ser tão mandona. No entanto, sabia que, embora ela tentasse obedecer, eventualmente seu autoritarismo voltava à tona. Então, a professora optou por ajudá-la de um modo mais eficiente. Trabalhou com os pais de Genny, auxiliando-os a entenderem os modos insolentes de sua filha. Juntos, ajudaram-na a ver a si mesma, a perceber o que estava fazendo com os outros e como buscava controlar as pessoas, confortando o seu coração ao fazer isso. Genny aprendeu a orar e a pedir a Deus por ajuda, quando era tentada a controlar os outros. Ela foi resgatada de uma vida na qual só encontrava conforto e sentido ao controlar os outros.

REVISÃO PERIÓDICA

Meu amigo é gerente de um negócio de varejo. Ele sabe que seu sucesso não está baseado no que tem na loja para vender, e sim nas habilidades de seus vendedores. Portanto, ele faz treinamento através de fitas de vídeo e procura ajudar seus empregados a se desenvolverem. Certo dia, perguntei-lhe com que frequência cada empregado em sua organização passa por uma avaliação de desempenho. Respondeu-me que são avaliados a cada trimestre. Perguntei-lhe com que frequência ele e sua esposa faziam uma avaliação de seus filhos. Ele corou. Nunca tinham feito. Creio que a situação dele não é única.

Uma ou duas vezes por ano, você e sua esposa devem sentar e avaliar seus filhos. Ponham aquele quadro simples (figura 9) no topo da página. Debaixo de cada categoria façam uma lista de suas preocupações. Façam também uma lista das coisas com que você está contente. Desenvolvam alguma estratégia para lidar com as áreas de preocupação. Se vocês fizerem isto, estarão preparados em muitas áreas frutíferas de ajuda a seus filhos.

No próximo capítulo, examinaremos procedimentos específicos, a fim de abordar o desenvolvimento do caráter durante este emocionante período intermediário da infância.

APLICAÇÃO PRÁTICA

1. Quantas perguntas você pode alistar abaixo de cada título de nosso instrumento de diagnóstico tridimensional?
2. Com que frequência você analisa seus filhos em termos destas três áreas?
3. Como você explicaria a diferença entre os objetivos na fase da infância à pré-escola e na fase escolar à pré-adolescência?
4. Que objetivos específicos de caráter você tem buscado para seus filhos em idade escolar?

5. Você já se sentiu assim: "Se eu estivesse lá, poderia ter controlado meu filho, mas eu não estava"?
6. Você já impediu seu filho de realizar uma atividade, por ter medo de que ele não estivesse, de maneira adequada, apto a cuidar de si mesmo? O que você pode fazer para equipá-lo a funcionar bem, independentemente de sua presença?

Capítulo 17

Da escola à pré-adolescência: Procedimentos de treinamento

Há um som que todo pai já ouviu: filhos gritando um com o outro. A cena também é familiar: dois filhos e um brinquedo.

Todo pai tem alguma maneira de lidar com essa situação. A maioria pergunta quem estava com o brinquedo primeiro, reduzindo tudo a uma questão de justiça. Outros gritam com os filhos para que "compartilhem" ou "sejam bonzinhos". Outros pegam o cronômetro: "Tudo certo, você fica com ele por dez minutos e, depois, seu irmão fica com ele por dez minutos".

Alguns ignoram os gritos, persuadidos de que os filhos vão brigar menos, se a briga for ignorada. Outros, consolam-se com a ideia que diz que todos os irmãos e irmãs brigam, portanto, isso é algo que eles abandonarão com o tempo.

A maioria dos pais, ao observar cenas com esta, ficam convencidos de que tem de haver um caminho melhor. Imaginam se há algum modo satisfatório de lidar com estas disputas — alguma forma que aborde as necessidades reais de seus filhos.

Qual é o melhor caminho? Você não pode simplesmente partir para a agressão física: "Vocês querem uma surra?" Não pode simplesmente apelar para as emoções: "Não gosto de você quando..." Ou: "Você me magoa quando..." Não pode aproveitar-se do amor deles pelas coisas: "Querem que eu tome os brinquedos de vocês?" Nenhuma dessas abordagens produz fruto duradouro, por não atingirem o coração.

ABORDANDO O CORAÇÃO

A tentação é focalizar o comportamento visível (ou talvez audível). Ele parece mais facilmente acessível.

Recorde comigo o princípio que vimos no primeiro Capítulo: **O CORAÇÃO DETERMINA O COMPORTAMENTO.** O comportamento é uma manifestação do que está acontecendo no íntimo. O que uma pessoa diz ou faz é um reflexo do coração. A Bíblia diz: "A boca fala do que está cheio o coração" (Lucas 6.45).

Seu filho possui um componente interior que tem uma conexão com Deus. É o coração. O coração é a fonte da vida. Portanto, para entender o que seu filho diz ou faz, você deve entender seu coração. Você precisa descobrir e entender o que flui do coração dele.

Princípios de comunicação, discutidos nos capítulos 8 a 10, ganham vida agora. O comportamento tem um "quando", um "o que" e o "porquê". O "quando" descreve as circunstâncias em que algo acontece. O "o que" refere-se às coisas que foram ditas e feitas. O "porquê" descreve as questões internas do coração que provocaram ou extraíram o comportamento específico. Você precisa explorar juntamente com seus filhos não apenas o "quando" e o "o que" de seu comportamento, mas o "porquê". Necessita ajudá-los a entenderem o aspecto da "abundância do coração" que transparece em suas ações.

Certa tarde, Carol estava resmungando e reclamando. Era difícil discernir a causa do problema. A tentação de seus pais era simplesmente abordar o comportamento: "Pare de resmungar!" Ou: "Não quero ouvir outra palavra de reclamação". Poderiam ter recorrido à prática testada e aprovada de silenciar sua filha, envergonhando-a: "Você deveria se envergonhar de reclamar quando possui tantas bênçãos".

Em vez disso, começaram a ir ao fundo do comportamento, descascando as camadas de desculpas e razões para se sentir mal-humorada. Eventualmente, chegaram à "questão da abundância do coração". Carol estava com raiva, porque as coisas não estavam saindo como planejara. No fundo, ela queria fazer o papel de Deus. Queria dar as cartas; queria governar a terra. Tinha decidido como as coisas deveriam ser, e não estava acontecendo do jeito que ela queria. A questão da "abundância do coração" era estar insatisfeita com a obra que Deus estava fazendo ao governar o mundo.

Ela não tinha consciência de tudo isto, mas estas eram as raízes de seus motivos.

Na medida em que você aborda o comportamento isoladamente, toca apenas nos problemas exteriores. Será como o homem que tenta resolver o problema das ervas daninhas em seu gramado, aparando a grama. As ervas vão sempre voltar a crescer.

APELANDO À CONSCIÊNCIA

Seus filhos precisam de mudança de coração. Mudança no coração começa com a convicção de pecado. A convicção de pecado vem através da consciência. Seus filhos precisam estar convictos de que se insurgiram contra Deus e de que são rompedores da aliança. Têm de chegar à convicção de que o homem interior, aquela parte de si mesmo que se relaciona com Deus, é um idólatra; é culpado diante de Deus. Para ajudá-los, você deve apelar à consciência.

Como mencionei no capítulo 12, temos um padrão de apelo à consciência no ministério de Jesus. Ele consistentemente ocupou-se com a consciência, forçando os homens a julgarem seus motivos. Ocupar-se com as questões do caráter requer um aprendizado de como apelar à consciência.

Se deseja abordar o caráter e não apenas o comportamento, deve lidar de um modo profundo que capacite seus filhos a verem as implicações de suas ações e a se tornarem responsáveis pelos atos praticados.

Em Lucas 10, um intérprete da Lei (um perito nas Escrituras hebraicas) veio a Cristo com o intuito de testá-lo e perguntou: "Mestre, que farei para herdar a vida eterna?" Jesus perguntou-lhe o quanto entendia da Lei; ele respondeu com os dois grandes mandamentos: Amar a Deus e ao seu próximo. Imediatamente o intérprete procurou justificar-se, perguntando: "Quem é o meu próximo?" O desafio formulado por Cristo era no sentido de ajudar este homem a entender que, no momento em que se tornasse ciente de uma necessidade, ele tinha a obrigação de atendê-la. Se deixasse de fazê-lo, teria quebrado a Lei. Jesus ensinou-lhe esta verdade através da história do bom samaritano. A história retirou os argumentos do homem e o ajudou a entender como havia fracassado. Jesus apelou à consciência dele, no final da história, perguntando quem era o próximo do infeliz viajante. O intérprete passou de perguntar quem era o seu próximo para avaliar apropriadamente quem tinha sido o próximo do viajante.

A resposta de Cristo a Pedro, em Mateus 18, fornece outra ilustração do uso que Cristo faz do apelo à consciência. Pedro perguntou pelos limites máximos do perdão. "Senhor, até quantas vezes meu irmão pecará contra mim, que eu lhe perdoe?" (Mateus 18.21). Jesus poderia ter dito, simplesmente: "Pedro, se você me faz esta pergunta, nem começou a entender alguma coisa sobre o perdão". Em vez disso, Jesus contou uma história que poderosamente demonstrou as implicações de ser alguém perdoado.

Em Lucas 7, uma mulher que vivera em pecado ungiu Jesus e limpou-lhe os pés com suas lágrimas. Simão, um fariseu, julgou Jesus por sua falta de discernimento. A presença da mulher pecadora deixava Simão revoltado. Jesus, conhecendo seus pensamentos, contou-lhe uma história que apelou à sua consciência. Na história, havia dois homens e um credor. Um tinha um grande débito; o outro, um pequeno débito. Ambos foram perdoados.

> Qual deles vai amar mais ao credor?, Jesus indagou.
> Simão replicou: Suponho que aquele a quem mais perdoou.
> Julgaste bem, replicou-lhe Jesus. (Lucas 7.42,43)

Jesus usou a história para indiciar Simão por seus pensamentos de justiça própria. O apelo foi à consciência de Simão. Ele julgou a si mesmo com suas próprias palavras. O foco da história de Jesus era que esta mulher o amava mais do que Simão (justo aos seus próprios olhos).

Você necessita aplicar esta mesma metodologia às necessidades de seus filhos. Precisa atingir as questões da raiz, ao lidar com a consciência. Romanos 2.14,15 indica que a consciência é nossa aliada, ao ensinarmos os filhos a entenderem seu pecado. A consciência dentro do homem sempre é ou justificadora ou acusadora. Ao fazer seu apelo a ela, evita transformar a correção uma competição entre você e seu filho. A controvérsia de seu filho é sempre com Deus.

Lidar com os filhos dessa forma, evita dar-lhes um padrão viável para que se sintam convencidos e justos a seus próprios olhos. Eles são confrontados com os caminhos de Deus e com a sua necessidade da obra radical e renovadora de Cristo.

Quando seu filho chega (pela obra do Espírito Santo e pelo exercício dos meios que Deus ordenou para lidarmos com os filhos) a ver sua pecaminosidade, você precisa mostrar-lhe Jesus Cristo, o único Salvador da humanidade.

Faça todo o esforço possível para ajudar seu filho a perceber que é um pecador egoísta, em necessidade de achegar-se à cruz, para receber a graça e a misericórdia de Cristo. E impossível partir do argumento: "Quem foi o primeiro a pegar o brinquedo" e transformá-lo em um ensino a respeito da cruz.

Lidar com as verdadeiras questões do coração abre o caminho, continuamente, para a cruz; e, na cruz, acha-se o perdão para meninos e meninas pervertidos, egoístas e pecadores. Respostas cristãs verdadeiras não podem ser produzidas por pensamentos legalistas, se quiserem lidar com atitudes e não apenas com o comportamento exterior.

DESENVOLVIMENTO DO CARÁTER

É importante abordar o coração e apelar à consciência, tendo em vista a preocupação com o desenvolvimento do caráter durante estes anos intermediários da infância. O caráter pode ser definido como *um viver consistente com Deus, como ele é e quem eu sou*.

TREINAMENTO DO CARÁTER

Vamos tomar como ilustração a qualidade de caráter que conhecemos como digno de confiança. De que forma o treinamento na fidelidade se encaixa nesta definição?

QUEM É DEUS	**QUEM EU SOU**
Ele me fez e me pôs no mundo nesta época da história. Ele é supremo. Algum dia, estarei diante dele e lhe prestarei contas. Ele prometeu estar próximo dos humildes e contritos de coração. Ele me ajudará a conhecer sua força e ajuda. Posso conhecê-lo e experimentar a capacidade de obedecer-lhe. Ele prometeu bênção àqueles que lhe são fiéis.	Sou uma criatura, feita por Deus e para Deus. Ele me pôs aqui, neste mundo, nesta época da história, e me dá oportunidades. Preciso trazer-lhe honra. Ele me fez para oferecer-lhe adoração. Quando me aproximo dele e busco sua face, ele me capacita a obedecer-lhe. Posso dirigir-me a ele para receber ajuda e força. Deus promete dar graça a todos que o invocam.

As verdades que fundamentam **os** textos das duas colunas acima formam a base de sua comunicação com seu filho, na medida em que você o ajuda a aprender a ser digno de confiança. Você ensina quem Deus é; e o caráter de Deus é a base para ensinar seu filho a fazer escolhas sobre como ele deve agir e ser. Seu Filho, a fim de mudar as pessoas de dentro para fora, para que chamado como uma criatura é para que seja fiel. Deus não estabelece esse princípio apenas como uma regra a ser seguida, mas enviou seu possam ser o que ele as chamou para ser. Deus luta ao lado e junto de seu filho. Portanto, ofereça exortações e encorajamento, de modo consistente com a natureza da criança e com a natureza de Deus.

Você não pode, com integridade, dizer a seu filho que, se ele se esforçar bastante, se for bom o suficiente e se realmente quiser, pode tornar-se o que Deus o chamou a ser. Ele não é capaz. Essa capacidade não lhe é *inata*, *à* parte da *graça* e da capacitação que Deus concede. Nem você pode cometer o erro tão comum de tentar construir boas qualidades de caráter no íntimo dele, sem ter Deus como referencial. Muitas pessoas *desenvolvem* **a** seguinte conclusão: se meu filho não é um crente, não posso obrigá-lo a cumprir seu dever à luz de quem Deus é.

Porém, se você não estimular seu filho a ser o que Deus o chamou a ser, lhe dará um padrão de desempenho que está no âmbito de suas habilidades inatas, à parte da graça de Deus. Esse padrão não requer conhecer e confiar em Deus. Portanto, é uma orientação que o conduz para longe de Deus, em vez de aproximá-lo dele. Em outras palavras, ou você chama seu filho a ser o que não pode ser, à parte da graça, ou você baixa o padrão, oferecendo-lhe algo que possa realizar sozinho. Na proporção em que você permite que desconheça o padrão divino, reduz a necessidade que ele tem de Deus.

Você precisa estar disposto a levar seu filho a prestar contas e a fazer as tarefas que lhe foram confiadas. Ensinar a depender de Deus é um processo, não um evento. Esse ensino vem através de dias de paciência e de consistência, colocando em prática as verdades esboçadas anteriormente. Pode haver ocasiões quando esse processo de instrução será sublinhado por uma surra. Mas você necessita dedicar-se à instrução paciente.

Mencionei, antes, que um de meus filhos passou por uma fase em que se dedicou a criar porcos. O hidrante, de onde ele garantia a água durante o inverno, distava duzentos metros do prédio onde abrigava os porcos. Os animais exigiam grande quantidade de água. Para não congelar dentro da mangueira, a água tinha de ser carregada. Esta era uma imensa tarefa a cada dia. Exigia uma hora de trabalho para um garoto de 11 anos. Às vezes, ele tropeçava e derramava boa parte de sua carga. Nós o encorajamos, dizendo-lhe que este trabalho estava dentro de sua capacidade, que era seu dever tomar conta de seus animais e que Deus o ajudaria a realizar sua responsabilidade, mesmo que fosse um trabalho árduo.

Naquela época, tive dois tipos de conversa sobre este período da vida de meu filho. Uma dessas conversas foi com um vizinho, que o observava na luta com sua carga e desejava ajudá-lo; este homem pensava que eu sobrecarregava meu filho. A outra conversa foi com meu filho; repetidamente ele me disse que aqueles dias eram tempos valiosos para ele. Eram como os dias da infância de Davi, em sua dificuldade com o urso e o leão. Aquelas dificuldades haviam preparado Davi para a batalha com Golias, na força do Senhor.

Veja em 1 Samuel 17 que, embora Davi fosse apenas um jovem, disse: "O Senhor me livrou das garras do leão e das do urso; ele me livrará das mãos deste filisteu" (v. 37). Como podemos perceber Davi aprendendo a confiar em Deus, mediante os tempos difíceis passados na sua juventude, quando enfrentou o leão e o urso, e pensarmos que nossos filhos não podem aprender estas mesmas lições de fé? E o que é pior, colocamos diante deles uma vida que nem sequer exige fé. Damo-lhes um padrão viável, que os estimula a utilizarem seus próprios recursos, habilidades e dons inatos — levando-os para longe de Cristo e de sua cruz.

Avaliemos uma outra qualidade de caráter. Uma preocupação constante dos pais é a pureza moral de seus filhos. Lembre-se: o caráter é *um viver consistente com Deus, como ele é e quem eu sou*.

QUEM É DEUS	**QUEM EU SOU**
Deus me fez e me possui. Ele criou os limites dos relacionamentos. Prometeu grande bênção e proteção àqueles que o honram em seus relacionamentos e avisou sobre a escravidão e ruína que vêm a todos aqueles que deixam de honrar a vontade dele. O relacionamento que desfrutarei, para a vida toda, deve ser uma figura do relacionamento dele com a igreja. Deus nos habilita a obedecer ao que ele ordena. Portanto, ele pode ser conhecido, na medida em que nos capacita a exercer o domínio próprio.	Sou uma criatura, feita por Deus e para o Deus que é totalmente sábio. Tenho necessidades que só podem ser atendidas no contexto ordenado por ele. Sou chamado a um estilo de vida de fidelidade. Sou responsável diante de Deus pela qualidade dos relacionamentos que desenvolvo. Quando honro a Deus, encontro plenitude nele e, depois, plenitude através da pessoa que Deus tem preparada para mim. Se o desonro ou usufruo do que ele me proibiu, então sofro perda irreparável mediante a falta de dignidade, vergonha e degradação.

Estou persuadido de que podemos criar filhos para serem moralmente puros, mesmo em uma cultura que tem explorado o sexo, através de todas as maneiras possíveis.

Ler os Provérbios diariamente fornece um ambiente muito natural à discussão da pureza moral. Em Provérbios 5, há uma ampla explanação acerca de pureza moral e de seus frutos, bem como dos benefícios e dos prazeres sexuais mantidos sob pureza. A passagem exorta livremente sobre o perigo de se tornar atraído e preso pelos laços do pecado. A leitura frequente do livro de Provérbios fornece muitas oportunidades para pensar sobre os perigos do pecado sexual e as alegrias da liberdade sexual dentro do casamento.

Provérbios 7 descreve a mulher adúltera. Ele retrata a sedução e seus resultados. Estas passagens fornecem um contexto para franca discussão da sexualidade. Elas são repletas de aviso, discernimento e direção.

Tenho visto filhos que entenderam estas questões e chegaram à adolescência ponderados e cautelosos. Estão persuadidos de que Deus tem dado as alegrias da sexualidade bem como o contexto no qual essas alegrias devam tornar-se uma experiência.

É importante que você deixe seus filhos saberem que há uma dimensão sexual no relacionamento entre a mamãe e o papai. Alguns cristãos têm a ideia errada de que seus filhos nunca deveriam ver a mãe e o pai em um abraço íntimo. O resultado é que os casos fraudulentos, na TV e nas vidas de pessoas ímpias, são a única expressão de sexualidade que eles veem. Não estou falando de convidar seus filhos a presenciarem a intimidade do quarto do casal, mas da importância de que eles saibam que há uma dimensão sexual no relacionamento entre a mãe e o pai.

Em adição a este exemplo instrutivo, você precisa estar preparado a abordar conceitos distorcidos de sexualidade que se manifestam nas vidas de seus filhos. Por exemplo, muitas meninas aprendem a andar e a sentar de formas sutis e sugestivas. Às vezes, os adultos acham que ser uma sedutora em miniatura é engraçado e aprovam tal comportamento. Em vez disso, esta deve ser uma oportunidade de ensinar a sua pequena menina como e por que conduzir-se com modéstia.

Quando crianças pequenas se engajam em namoricos são maravilhosas oportunidades de ajudá-las a formar estes conceitos bíblicos de sexualidade. Estas são ocasiões de falar sobre as coisas maravilhosas, guardadas para o povo de Deus, com a finalidade de que este povo goze de uma vida sexual plena e feliz. Essa também é a excelente oportunidade para falar sobre o horrível dano que sobrevêm à pessoa que se expõe à experiência sexual, fora do contexto que Deus ordenou.

Na proporção que os filhos começam a assimilar estas verdades, desenvolvem controles internos contra o pecado sexual. Reconhecem que a exploração sexual não é sadia, mas, sim, é uma falsificação da verdadeira satisfação sexual mediante a pureza estabelecida por Deus.

Embora tenhamos analisado apenas dois exemplos, eles servem de modelo para qualquer área do desenvolvimento do caráter.

INTERPRETANDO O COMPORTAMENTO EM TERMOS DO CARÁTER

Temos algumas dificuldades em pensar claramente a respeito do caráter. Uma dessas dificuldades é a falha em discernir questões como as exemplificadas acima. Esta falha manifesta-se no fato de que não tentamos lutar por objetivos, em longo prazo, que visem o desenvolvimento do caráter. Além disso, não somos hábeis em ultrapassar as questões do comportamento e nos dirigirmos às questões apropriadas ao caráter. Isto resulta em vermos apenas fatores isolados do comportamento. O resultado, novamente, é a falha em nos engajarmos em objetivos que visem o desenvolvimento do caráter, em longo prazo.

Os pais tendem a ver o comportamento de seus filhos em termos muito ingênuos. Vemos a luta por um brinquedo como uma simples briga por um brinquedo, quando na realidade ela demonstra um egoísmo em relação aos outros. É como dizer à outra criança: "Não me importo com o seu desejo, eu quero possuir o que eu desejar". É uma determinação de viver de modo a explorar toda a oportunidade de servir a si mesmo.

Não estou sugerindo que esta análise seja usada com seus filhos na forma de um discurso solene, mas é algo que necessita estar dentro do seu entendimento, enquanto você procura pastoreá-los e ajudá-los a verem a si mesmos e as suas necessidades.

Você tende a ver os ambiciosos "eu quero" de seus filhos como uma idolatria das posses materiais? Ou acha que isso é simplesmente natural — algo que abandonarão com o passar do tempo. Se é assim, você deixa de ajudar seus filhos a lidarem com a realidade espiritual e nunca confronta a tendência pecaminosa de encontrar sentido e significado nas coisas. A vida não consiste na abundância de bens.

Suzie estava aniversariando. Prevendo o montante de dinheiro que ganharia de seus tios e tias, ela já tinha começado a planejar o que iria comprar. Antecipadamente, alegrava-se ao imaginar suas novas posses. Planejava a quem iria mostrar suas novas coisas e imaginava o que diriam.

Os pais de Suzie estavam interessados em que ela aprendesse a ser grata pela abundância que provinha de Deus. Sábia e gentilmente, começaram a abordar esses fatos. Iniciaram conversando acerca do quanto ela gostaria das coisas novas que estava aguardando. Então, continuaram recordando-lhe como cada coisa nova lhe trouxera uma alegria temporária. Suzie podia lembrar-se de ocasiões quando tivera coisas novas, as quais pareciam trazer tanta alegria. Juntos, observaram o quanto podemos ser gratos pelas posses, mesmo que rapidamente elas percam o valor. Eles fizeram uma lista de todas as coisas que Suzie ficara contente ao possuir. Logo, tinham uma lista tão longa que foi a ocasião natural de parar e orar, dando graças a Deus por tudo que ele tinha dado. Eles, gentilmente, pastorearam seu coração para longe do orgulho de possuir bens, crescendo na visão mais bíblica e realista sobre as bênçãos de Deus.

VISÃO EM LONGO PRAZO

Você precisa ser uma pessoa que possui uma visão em longo prazo. Tem de reconhecer que seus filhos necessitam de pastoreio, não simplesmente em termos do aqui e agora, mas em termos da visão em longo prazo.

Talvez o comportamento seja algo costumeiro, como o mau humor ao acordar pela manhã. Devemos considerar o comportamento mal-humorado não apenas como um evento isolado, em uma determinada manhã, mas em termos do impacto no decorrer da vida. Quando falo sobre isto às pessoas, frequentemente escuto algo semelhante a estas palavras: "Bem, eu também nunca fui uma pessoa matinal". Talvez isso seja uma confissão verdadeira. Mas a questão é: esse hábito da personalidade tem sido uma bênção ou uma maldição para você?

Você não quer que seu filho seja melhor que você? Não teria sido uma grande bênção ter sido corrigido e instruído sobre este hábito quando você ainda era jovem?

Estar preocupado com o caráter o afastará do hábito de lidar com seus filhos como se fossem bebês. Vejo pessoas reagirem a seus filhos, em idade escolar, como se tivessem três anos de idade. Eles ditam ordens. Seus filhos estão ouvindo as mesmas ordens antigas, mas não estão crescendo em discernimento e entendimento. Não estão sendo equipados para a próxima fase do desenvolvimento — os anos da adolescência.

APLICAÇÃO PRÁTICA

1. Você pode pensar em circunstâncias em que há significativas questões de caráter, evidentes no desenvolvimento de seu filho, e com as quais você não sabe lidar?
Faça uma lista destas circunstâncias. Procure determinar quais são as consequências que você deseja, em longo prazo, e como abordá-las, utilizando os princípios discutidos neste capítulo.
2. Você pode identificar situações em que se sentiu tentado a dar a seu filho um padrão facilmente executável, porque isso facilitava as coisas no momento?
3. Você já se permitiu aceitar um comportamento exigido, embora soubesse que seu filho não estava agindo de coração?
4. Como você expressaria a diferença entre o "quando", o "o que" e o "porquê" do comportamento?
5. Qual é o mais significativo?
6. Você pode dar um exemplo de apelo à consciência?
7. Se tivesse de nomear cinco objetivos de treinamento do caráter para seu filho ou filha, quais seriam eles?

Capítulo 18

Adolescência: Objetivos de treinamento

– Olá, papai?

Reconheci a voz, é claro. Era meu filho que passara pelo meu escritório, após voltar da escola, a fim de pegar o carro emprestado para ir ao *shopping*.

– Oi, o que há? – respondi, tentando parecer casual e confiante nele.
– Tranquei as chaves no carro. – foi a resposta nervosa.
– Está bem, tenho outra chave em minha pasta, vou pegá-la... – então, fui interrompido.
– Papai, eu... eu... antes de trancar as chaves no carro, tive um acidente. Ah! Foi só um "pequenino" acidente... não muito ruim... Não acho que foi minha culpa... – e acrescentou – Ah! Papai, eu estou bem.

Algo que você aprende com motoristas adolescentes é que acidentes sempre são "pequeninos", e eles nunca têm culpa!

Muitas pessoas vivem temendo os dias em que seus filhos se tornarão adolescentes. Não são apenas os acidentes; todos nós já aprendemos que carros são dispensáveis. Os pais vivem no pavor de terem filhos na fase de adolescência, porque temem a alienação que estes anos parecem trazer. Eles temem pensar no tipo de relacionamento que testemunham entre os pais e seus filhos. Todos nós já ouvimos o curto provérbio popular: "Filhos pequenos, problemas pequenos; filhos grandes, problemas grandes".

SINAIS DOS TEMPOS

As fronteiras deste período da vida são o início da puberdade e a época em que os filhos saem de casa para estabelecer um lar.

Os anos da adolescência são caracterizados por monumental insegurança. O adolescente não é uma criança, nem um adulto. Sente-se inseguro sobre como agir. Se age como uma criança, é admoestado a fazê-lo "de acordo com a sua idade". Se age como adulto, dizemos-lhe que não deve "pensar ser maior do que é". Às vezes, o mundo todo parece emocionante e atraente, e ele ama ser um adolescente. Outras vezes, o mundo parece assustador... exigente... e agourento... Ele não deseja ter de enfrentá-lo.

Um de nossos filhos amava ter 17 anos. Para ele, essa era a idade perfeita. Não era um motorista novato (já tinha superado alguns pequenos acidentes), mas também não era um adulto com responsabilidades legais. Nossa filha, no entanto, enfrentando a universidade e todas as decisões que pareciam tão sérias, abraçava a mamãe e o papai e dizia nunca querer sair de casa. Desejava continuar uma garota — grande o suficiente para cumprir suas responsabilidades e pequena o bastante para desfrutar do abrigo e da proteção do lar.

Os adolescentes sentem-se vulneráveis a tudo. Preocupam-se com sua aparência. "Será que estou vestindo as roupas adequadas? Será que as estou usando da maneira correta? O que meus amigos vão pensar sobre esta saia, este vestido, este novo corte de cabelo? E se meus amigos forem para o mesmo *shopping* que eu, e estiverem vestidos de forma diferente?"

Sentem ansiedade sobre sua compreensão da vida. "Será que vou fazer ou dizer a coisa certa naquele restaurante?" Preocupam-se em saber se seu conhecimento é grande o suficiente, a fim de se portarem bem em uma situação que desejam experimentar.

Eles são instáveis no mundo das ideias. Em casa, nos habituamos a fazer de nossa mesa de refeição um lugar para discutir política, acontecimentos atuais e ideias populares no momento. Ninguém tem a capacidade de um adolescente para averiguar todos os aspectos de uma ideia, em uma única conversa. Por que acontece isto? Porque ele está procurando formular sua identidade independente, na esfera do pensamento. Ele sabe o bastante para se engajar em uma conversa, mas suas ideias não estão completamente amadurecidas.

Os adolescentes sentem-se inseguros com relação a seus corpos. Passam uma boa parte de suas vidas na frente de um espelho. Preocupam-se com o fato de estarem se desenvolvendo no tempo adequado.

Eles experimentam apreensão sobre sua personalidade. Pensam se estão sendo sérios, engraçados, criativos ou descontraídos o suficiente. Um de nossos filhos era muito franco acerca desses temores. Ele anunciava à mesa do café que havia decidido mudar sua personalidade. Às vezes, mudava a personalidade com mais frequência do que mudava de camisa. Ele ainda não sabia que a personalidade pode ser moldada; o que estava refletindo era a incerteza sobre quem ele era.

Ao mesmo tempo em que é um período de instabilidade, ansiedade e vulnerabilidade, é também um período quando os adolescentes estão buscando estabelecer uma personalidade independente. Querem ser eles mesmos. Mesmo que sua necessidade de orientação nunca tenha sido maior, o adolescente resistirá a tentativas de ser encurralado.

REBELDIA

Os anos da adolescência frequentemente são anos de rebelião. Parte dela é simplesmente uma tentativa mal orientada de estabelecer individualidade.

Com frequência, a rebelião no adolescente tem raízes mais profundas. Em alguns, é uma expressão de rebelião que esteve latente o tempo todo.

Os pais, às vezes, deixam de perceber isto. Tenho falado com muitos pais que atribuem a rebelião à mudança da família, ou ao fato de seus filhos terem feito novos amigos, ou de terem começado a ouvir rock *heavy-metal*.

Admitimos que a mudança de uma família pode ser traumática, que os amigos podem ter uma influência negativa e que certas músicas expressam rebelião. Porém, reconhecemos que os problemas tendem a possuir raízes mais profundas.

Recordo-me de ver um pai corrigindo seu filho que estudava no 5º ano. O filho foi repreendido na frente dos outros e forçado a obedecer a seu pai. Embora tenha obedecido, a expressão em sua face demonstrava ira e uma profunda hostilidade contra seu pai. O que o impedia de expressar uma rebelião ostensiva nesta ocasião? Simplesmente isto: ele era muito jovem e ainda bastante intimidado por seu pai, para ousar demonstrar a ira que sentia. Ela se mascarava em sua carranca.

Anos mais tarde, este menino se rebelou. Andou com más companhias. Ouviu música antissocial. Porém, as sementes da rebelião não foram lançadas por amigos rebeldes. Suas ideias de rebeldia não começaram com as letras antissociais de uma ritmada música pop. A rebelião de seu coração era a expressão da ira que havia sentido, quando era aluno do 5º ano e sofrera as indignidades da repreensão pública.

Fico surpreso ao ver com que rapidez os adolescentes rebeldes encontram um ao outro. O adolescente rebelde, ao chegar como aluno novo em uma escola, encontra os companheiros rebeldes antes do primeiro intervalo. Por que acontece isto? Um adolescente busca companhia rebelde por ser rebelde; ele não se torna um rebelde por causa da companhia que tem.

Estou persuadido de que adolescentes rebeldes estimulam uns aos outros à rebeldia, mas raramente um adolescente que, de coração, está em submissão torna-se rebelde em virtude da influência de outros.

Enquanto tem pouca idade, a criança pode sentir revolta. De vez em quando, pode expressar rebeldia. Porém, enquanto ainda é muito jovem e totalmente dependente da mãe e do pai, ela não tem condições de rebelar-se abertamente. Precisa da mãe e do pai, e estes ainda exercem muito poder sobre ela. Porém, no momento em que imagina ter a capacidade de viver por si mesma, sem a ajuda de seus pais, começa a expressar sua rebeldia. Os pais frequentemente parecem ser tomados de surpresa, quando, na realidade, a rebelião esteve adormecida por anos.

TRÊS BASES PARA A VIDA

Quais são os objetivos da educação de filhos neste período da vida? O que você espera realizar? Que bases mais sólidas do que suas convicções pessoais você pode assentar? Que objetivos são simples e, ao mesmo tempo, amplos o suficiente para oferecerem orientação amplamente aplicável?

Provérbios 1.7-19 lhe fornece a orientação. Há três bases para a vida nesta passagem: o temor do Senhor (v. 7), a aceitação da instrução dos pais (vv. 8,9) e o afastar-se dos ímpios (vv. 10- 19).

Minha suposição neste ponto é que sua educação de filhos tem sido efetuada de acordo com o modelo apresentado neste livro. Durante este período, você deseja ver a instrução diária na vida de seu filho sendo assimilada e internalizada por ele.

O TEMOR DO SENHOR

Provérbios 1.7 afirma: "O temor do Senhor é o princípio do saber, mas os loucos desprezam a sabedoria e o ensino". Seu filho adolescente está no limiar da vida independente de você. Ele já está tomando decisões que têm impacto significativo em sua vida; está tomando decisões importantes a cada dia.

Recorde a figura 3, do capítulo 3. Ela reflete a orientação da pessoa para Deus. É uma figura que apresenta uma dupla orientação, porque toda pessoa tem uma orientação para Deus ou para os ídolos; adora a Deus ou aos ídolos. Todas as pessoas vivem em alguma forma de temor, ou a Deus, ou aos ídolos.

Seu adolescente precisa ser motivado por um senso de temor e reverência para com Deus. Você deseja que as escolhas dele demonstrem uma crescente compreensão do que significa ser um adorador de Deus.

Visto que a questão não é "SE", mas "A QUEM" seu filho vai adorar, você deve livremente confrontá-lo com a irracionalidade de adorar a qualquer deus menor.

Viver no temor de Deus significa viver consciente de que prestamos contas a ele. Isto equivale a viver à luz do fato de que ele é Deus e seu adolescente é uma criatura. Deus vê tudo. Tudo está descoberto diante dele. Viver em santo temor significa viver à plena luz de Deus, como um Deus santo que convoca seu povo à santidade.

Faça questão de ler todos os profetas maiores e menores com os seus filhos durante seus anos de adolescência. Seus filhos são parte de uma cultura evangélica que sofre por possuir uma deficiente compreensão a respeito de Deus. Ler os profetas nos confronta com o Deus santo, tremendo e disposto a chamar seu povo à prestação de contas. Eu falei com meus adolescentes sobre a necessidade de um adesivo de para-brisas para contrabalançar o popular "Sorria, Deus Ama Você". Este diria: "Trema, Deus é Fogo Consumidor".

Torne seus filhos conscientes de que a terça parte da Bíblia tem o juízo como tema principal.

APRENDENDO O TEMOR A DEUS

Assim como em qualquer outra área da verdade teológica, a chave para crescermos não é a identificação cognitiva da verdade; é entender a importância dessa verdade na vida diária. Você e seus filhos devem entender o temor do Senhor de maneira a reorganizarem suas vidas.

Você deve fazer que o temor de Deus se torne funcional em suas vidas diárias. Por exemplo, os adolescentes se preocupam com o temor do homem. Preocupam-se com o que seus amigos vão pensar deles. Tomam decisões baseadas no temor da desaprovação de seus colegas. A pressão dos colegas é simplesmente viver no temor do homem, em vez de no temor de Deus.

O que você precisa fazer é pastorear seus adolescentes em direção a viver no temor de Deus em vez de no temor dos homens. Você deve ajudá-los a verem a importância de conhecer a Deus, que é um fogo consumidor.

Você tem de conversar com eles, ajudando-os a perceberem os modos como estão experimentando o temor do homem. Depois, deve ajudá-los a entender a escravidão que é produzida pelo viver da aprovação dos outros. Ajude-os a verem a futilidade e a idolatria de organizarem a vida em torno do desejo de terem aprovação.

Com frequência, a maneira mais eficaz como essas coisas são ensinadas é compartilhar nossa própria experiência. Meus filhos eram adolescentes quando comecei meus estudos de doutorado no Seminário Teológico de Westminster. Eu estava pastoreando uma igreja e assistindo aulas uma vez por semana. Minhas aulas eram na quinta-feira. Toda quarta-feira, eu estudava até altas horas da noite. Certa quarta-feira, mais ou menos às 2h, eu estava rabiscando feito louco em um bloco pautado. Minha esposa estava presa a uma máquina de escrever, colocando em ordem os meus rabiscos. De repente, comecei a refletir sobre o que estava fazendo. Ali estava eu privando-nos do sono. Minha paciente esposa estava trabalhando noite adentro. Como professora, pela manhã ela estaria diante de uma turma cheia de jovens; estaria exausta. Eu seria um perigo na estrada, dirigindo-me à Filadélfia.

Precisava indagar a mim mesmo por que estava fazendo aquilo. Estava convicto de que Deus queria negar o sono à minha esposa e a mim? Estava convencido de que a verdade e a justiça de Deus exigiam que eu trabalhasse noite adentro? Não! Eu não estava sendo movido pelo temor de Deus, mas pelo temor do homem. Queria que meus professores me considerassem um pastor competente e capaz. Temia sua desaprovação. Desejava ardentemente sua aprovação. Em meu orgulho e temor de homens, fiz escolhas estando baseado em agradar a homens, não a Deus. Orei naquela mesma noite. Confessei meus pecados a minha esposa e a Deus. Eu me arrependi de viver no temor do homem.

Compartilhar esta experiência com meus filhos adolescentes ofereceu-nos muitas oportunidades de conversa. Eles podiam se identificar com as escolhas que eu estava fazendo. Podiam ver onde eles haviam feito as mesmas coisas e como produzia tranquilidade o temer a Deus e não ao homem.

Causa-me espanto o ceticismo que as pessoas expressam a respeito de ajudar os adolescentes a verem a importância do temor a Deus. Com grande frequência, presume-se que estes não podem ser compelidos por motivos ligados a Deus.

Não estou certo quanto ao que causa maior ceticismo: os adolescentes não conhecerem o temor de Deus ou os pais não serem capazes de ensiná-lo? Sempre ofereço este encorajamento. Se Deus quer que seus filhos conheçam o temor de Deus, então, com certeza, as pessoas que ele encarregou de fornecer-lhes a instrução podem ensiná-los. O adolescente que entende o temor de Deus será liberto do perigo. Ele possuirá sabedoria e crescerá no conhecimento de Deus.

ACEITAÇÃO DA INSTRUÇÃO DOS PAIS

Provérbios 1.8,9 declara: "Filho meu, ouve o ensino de teu pai e não deixes a instrução de tua mãe. Porque serão diadema de graça para a tua cabeça e colares, para o teu pescoço".

O adolescente que aceita a instrução de seus pais será ricamente abençoado. Sempre se supõe que eles considerarão seus pais irrelevantes. A maioria das pessoas espera que nos anos da adolescência o relacionamento entre pai e filho seja de conveniência e necessidade, em vez de escolha.

Provérbios 1.8,9 mantém um ponto de vista de filhos que veem seus pais como uma fonte de sabedoria e instrução. Afirma que os filhos serão enriquecidos e grandemente beneficiados por aderirem aos valores e à instrução de seus pais. Em vez de os jovens desprezarem, como irrelevante, a opinião de seus pais, Salomão os instrui a aceitá-la.

Isto surpreende você?

Quem deve ser mais relevante para seus filhos? Você os conhece. Sabe quais as nuanças de suas personalidades. Tem noção de suas virtudes e fraquezas. Está ciente de suas experiências de vida e os entende. Também conhece a Deus e a palavra dele. Você conhece os caminhos de Deus. Você tem lutado e batalhado para viver a vida cristã. Entende as doutrinas e os perigos da vida cristã. Você compreende o mundo em que eles vivem; entende as pressões que eles estão enfrentando agora. Você está comprometido com eles e com Deus. Não há alguém que os ame mais do que você, que esteja mais profundamente comprometido com eles e que os aceite mais incondicionalmente. Não há alguém que será mais honesto e amável. Abandonar a instrução e o ensino dos pais é insanidade.

Se você está vivendo em integridade com Deus e com seus filhos, nada do que foi dito acima é um exagero. Se você está honestamente compartilhando sua experiência de vida e como veio a conhecer a Deus mais profundamente e a satisfazer-se mais e mais nele, está mostrando a viabilidade da fé cristã.

Seu relacionamento com seus filhos precisa ser honesto. Jamais dê um conselho que se adapta à sua conveniência ou que lhe poupa embaraços ou vergonha. Vocês devem ser pais que têm demonstrado não os estarem usando de maneira alguma. Se estas coisas estão em ordem, seu filho geralmente não desejará se afastar da instrução dos pais.

Quando estava na universidade, nosso filho pensou em aproveitar um fim de semana prolongado para ir a um passeio de bicicleta cujo percurso seria trezentos e vinte quilômetros. Ele se encontrava a uma distância de seis horas. Jamais o "vigiamos"; no entanto, ele nos ligou pedindo conselhos. Havia realizado um bom trabalho em ponderar os detalhes necessários, a fim de tomar uma decisão prudente. Ele ligou, porém, para comunicar a ideia a sua mãe e seu pai. Mas por que ele fez isto? Não porque o exigimos. Não por ser inseguro para tomar decisões, mas por estar convencido de que somos guias de confiança. Ele também sabe que não tomaremos a decisão em seu lugar. Simplesmente o ajudamos a examinar todos os fatos importantes.

Permanecer acessível à instrução é apenas parte da aceitação da instrução dos pais. Há outro elemento importante. A aceitação da instrução dos pais também exige reter a verdade que você aprendeu. Isto significa aprender a viver e agir dentro *dos parâmetros da verdade* em que você foi instruído.

Arão foi um bom exemplo disto. Sua professora de inglês, no ensino médio, estava fazendo exercícios de esclarecimento de valores. Um dilema ético foi apresentado para demonstrar a relatividade e a fragilidade dos valores que têm sido considerados como sólidos. A professora apresentou um dilema ético e abriu a oportunidade para a discussão em classe. Depois de os alunos ficarem completamente confusos pelas alternativas do dilema ético, Arão ofereceu sua sugestão. Sua sugestão resolvia o conflito. Ele não fez as escolhas de "Kohlberg". Orientado pela instrução dos pais, ofereceu uma solução bíblica que deixou a professora admirada. "Arão, essa é uma excelente solução", murmurou ela. "Sua solução foi melhor do que as oferecidas no livro."

Arão foi ajudado pela aceitação da instrução dos pais. Mostrando-se desembaraçado do fútil clima intelectual de nossa era, ele foi capaz de solucionar o dilema. Uma criança, suprida com instrução bíblica, mantém-se firme em um mundo acadêmico onde até o professor está perdido em um mar sem princípios e absolutos (ver Salmo 119.99-100).

CONTEXTO PARA A INSTRUÇÃO DOS PAIS

O contexto principal para a instrução paternal é apresentado em Deuteronômio 6. Esse é o ambiente comum da vida diária. Seus filhos veem o poder de uma vida de fé quando percebem que você a está vivenciando. Você não precisa ser perfeito. Apenas precisa ser uma pessoa de integridade que está vivendo na rica e consistente verdade da Palavra de Deus.

Quer esteja assistindo a um vídeo ou jogando futebol; quer esteja fazendo seu trabalho ou driblando um telefonema indesejado; quer você seja bem-sucedido ou esteja sofrendo as consequências do fracasso, no contexto da vida diária, você mostra o poder e a viabilidade da fé cristã.

O CULTO EM FAMÍLIA

O culto em família oferece o contexto especial para a instrução. Há uma tentação de ter o culto em família como um dever. Conheci homens que viviam de maneira dissoluta ao mesmo tempo em que se orgulhavam de nunca terem perdido um culto doméstico.

O culto em família deve fazer a conexão entre o mundo e a vida experimentados pelo seu adolescente. O culto da família tem de abordar, de maneira vívida, os assuntos que seus adolescentes encaram.

Diana é uma senhora que vive sozinha com três filhos adolescentes. Sua filha mais velha se tornou interessada por rapazes. Mais especificamente, os rapazes se interessaram por ela. Diana estava preocupada com o relacionamento que estava se desenvolvendo entre sua filha e o namorado desta. O relacionamento não parecia negativo, mas Diana estava preocupada. Ela temia que sua filha não mantivesse elevados padrões em seu relacionamento com o jovem rapaz.

Diana sabia que a Palavra de Deus é exata em suas descrições das pessoas e de suas necessidades. Ela estava ciente de que as promessas e os avisos da Escritura são adequados às necessidades de todas as pessoas. Tinha certeza de que as necessidades mais profundas tanto de sua filha quanto do jovem rapaz poderiam ser atendidas ao conhecerem os caminhos de Deus. Sabia que a verdade de Deus corrobora a si mesma e ressoaria neste jovem rapaz e em sua filha.

Diana conseguiu ajuda para preparar um estudo bíblico completo sobre relacionamentos. Ela, seus filhos e o jovem rapaz estudaram as Escrituras juntos. Os jovens apreciaram tanto, que ela teve dificuldade em se preparar com rapidez suficiente para se manter à frente dos períodos regulares de estudo.

Essa história é uma ilustração do culto familiar que faz conexão entre a verdade bíblica e as questões da vida. O culto em família abordou os interesses e as necessidades dos adolescentes. Diana não teve de correr atrás deles com a Bíblia. Eles a procuravam. Lembremos sempre que a palavra de Deus é poderosa. A fé vem pelo ouvir, e o ouvir pela Palavra de Cristo.

AFASTAR-SE DOS ÍMPIOS

O terceiro assunto fundamental se encontra em Provérbios 1.10: "Filho meu, se os pecadores querem seduzir-te, não o consintas". Salomão está exortando seu filho a separar-se dos ímpios. Deus entende o problema da influência. Aquele que vive em companhia de pessoas ímpias aprenderá seus modos ímpios.

Embora isto seja verdade, deixa de assimilar o ensino central de Provérbios 1. Esta passagem não nos diz apenas para nos separarmos dos ímpios. Também nos mostra por que nossos filhos são atraídos por tais companhias. Em Provérbios 1.10-19, existem muitos pronomes coletivos. Observe alguns comigo:

> Vem *conosco*... (nós) acharemos toda sorte de bens preciosos... Lança a tua sorte entre *nós*; (nós) teremos todos uma só bolsa..."

Qual é a sedução para a pessoa jovem em Provérbios 1? É a do "pertencer". O companheirismo é a atração que causa o ceder aos ímpios. O apelo é à necessidade humana de compartilhar mutualidade com os outros. Seus filhos necessitam pertencer.

Eu era um novo pastor fazendo uma visita no início de uma noite de verão. Enquanto tomava chá e conversava com um casal de meia-idade, sua filha desceu as escadas. Ela estava vestida de maneira espalhafatosa e indecente. Ao entrar na sala, seu pai falou asperamente: "Onde você pensa que está indo, garota?", perguntou-lhe numa voz que poderia congelar qualquer pessoa. "Sair", foi a resposta. "Você não vai a lugar algum vestida desta maneira", disse ele, acrescentando: "Você parece uma prostituta!" Fechando a porta, ela se foi.

Não faço qualquer ideia sobre o que aconteceu no restante da noite. Não tenho certeza a respeito de quanto tempo fiquei ou do que falei. Tudo o que pude pensar foi na alienação da família que eu estava ali, os visitando.

Não admira que a filha estivesse saindo de casa tão rápido quanto suas pernas eram capazes de levá-la. Tampouco eu queria ficar lá.

A maneira mais eficaz de guardar seus filhos de serem atraídos por ofertas de companheirismo dos ímpios é fazer que o lar seja um lugar atraente para estarmos.

Os jovens não fogem dos lugares onde são amados e experimentam aceitação incondicional. Eles não fogem de lares em que a família está planejando atividades e fazendo coisas emocionantes juntos.

Referi-me anteriormente à viagem de 1070 quilômetros que realizamos como família. Aquela viagem foi um catalisador da interação da família por quase dois anos. Nós a planejamos juntos. Fizemos listas do equipamento necessário. Compramos bicicletas e equipamentos avulsos de acampamento. Verificamos mapas, a fim de planejar nosso trajeto. Lemos sobre viagens turísticas de ciclismo, para aprendermos com os outros. Treinamos para estarmos fisicamente preparados. As crianças falaram a seus amigos sobre nossos planos. Sentiram-se como se pertencessem a uma família especial, que estava fazendo coisas incomuns. A viagem forneceu um senso de propósito unificado. Forneceu um senso de pertencer durante uma fase crítica nas vidas de nossos três filhos.

O fato é este: o convite para associar-se aos ímpios vem aos nossos filhos. Devemos trabalhar para fazer que o lar seja um lugar atraente para estarmos. O lar deveria ser o abrigo onde o adolescente é entendido e amado, onde ele é encorajado e onde lhe mostramos os caminhos da vida.

Estas três bases para a vida devem fazer parte de toda conversa com seus adolescentes: o temor do Senhor, a aceitação da instrução dos pais e o afastar-se dos ímpios. Quando isso está presente, podemos esperar que o favor do Senhor repousará sobre nossos esforços.

APLICAÇÃO PRÁTICA

1. Quais são as questões negociáveis que, de forma construtiva, capacitariam seu adolescente a expressar sua independência de você?
2. Você percebe qualquer rebelião que está ligada a erros cometidos anteriormente em sua criação dos filhos? O que você pode fazer para iniciar uma discussão sobre estas coisas?
3. Você se sente confortável em ajudar seu filho a compreender Deus como um ser tremendo e temível? Como você pode explorar as implicações de Hebreus 12.29: "Nosso Deus é fogo consumidor"?
4. Que porções da Palavra de Deus você pode ler com seus filhos para enfatizar este aspecto do caráter de Deus?
5. O que você pode fazer para oferecer a seus adolescentes contextos de instrução que lhes sejam oportunos?

6. Você está disposto a compartilhar sua experiência pessoal como um "foro" para ajudar seus filhos a pensarem sobre os métodos de Deus?
7. Quais seriam alguns benéficos projetos de estudo da Bíblia para você e seus adolescentes?
8. Você está provendo um lar onde seus adolescentes sentem-se amados e aceitos? Os amigos deles são bem-vindos em seu lar, quer sejam crentes, quer não?
9. O que você pode fazer para oferecer-lhes um especial senso de pertencer?

Capítulo 19

Adolescência: Procedimentos de treinamento

Estive em um retiro de final de semana onde estudamos sobre como educar adolescentes. Meus filhos eram quase adolescentes; esperava aprender algo, a fim de me preparar para o que estava por vir. O preletor demonstrava vivacidade e falava muito bem. Sua preleção foi abundantemente ilustrada por numerosas anedotas extraídas de sua própria experiência.

Aquele retiro me deixou inquieto. Todas as ilustrações pareciam ser a respeito de tentativas deste pai e seu filho superarem um ao outro em astúcia. O relacionamento deles era uma versão amigável da seção **"Spy *vs.* Spy"**, da revista **"MAD"**.

Recordo-me de ter imaginado que, se tivesse de superar a astúcia de meus filhos para mantê-los na linha, eu poderia falhar. Agora estou certo de que criar adolescentes não é uma questão de superá-los em habilidade. Criá-los é muito mais emocionante e satisfatório do que isso.

A INTERNALIZAÇÃO DO EVANGELHO

A internalização do Evangelho é o processo em que seus filhos se apropriam das coisas de Deus como sua própria fé viva. Você deseja neste período vê-los desenvolverem identidades autônomas, como pessoas que vivem sob a autoridade de Deus.

É óbvio que a internalização do evangelho demanda a obra do Espírito Santo em seus filhos. Nenhum pai é capaz de realizar essa obra; você não pode produzi-la através de seus esforços. No entanto, você trabalha na esperança de que Deus honra a sua aliança e age através dos meios. Embora não ouse ser presunçoso a respeito da soberana misericórdia de Deus, você pode lutar na expectativa de que o evangelho é poderoso.

O desejo de seu coração, em cada fase da criação dos filhos, é vê-los internalizarem o evangelho. O desejo em todo seu treinamento, em todos seus apelos, em toda sua correção e disciplina, é vê-los chegarem a aceitar as reivindicações da fé cristã.

Vê-los conhecer a Deus é a razão de pastorear os corações de seus filhos, de apelar à consciência, de alcançar o íntimo deles na correção e na disciplina, abordando o coração como a fonte da vida e se recusando a dar a seus filhos um padrão executável que eliminaria a necessidade que eles têm de Cristo. Você deseja que eles reconheçam sua necessidade de Deus, que conheçam a Cristo e vejam suas vidas à luz do reino de Deus.

A internalização é o resultado de tudo que temos considerado. Recorde a figura 3, do capítulo 3, sobre a orientação para Deus. A internalização ocorre quando seus filhos chegam à maturidade como pessoas que conhecem e adoram a Deus.

Sempre me perguntaram se eu achava que meus filhos seriam crentes. Os pais desesperadamente procuram alguma promessa da Bíblia assegurando-lhes que seus filhos possuirão fé. Não creio que esta promessa se encontra na Palavra de Deus.

Perguntaram-me: "Você não acha que, se educar seus filhos de maneira correta, Deus promete salvá-los?" Se existisse tal promessa, ela não me confortaria. Eu não os tenho criado muito bem. Ao examinar suas vidas, desejo me unir às fileiras de pais que gostariam de recomeçar. Estou perfeitamente consciente das minhas falhas e limitações.

Agora, deve ficar claro que eu não estou falando a respeito de "salvá-los" em termos de um evento evangelístico. Pelo contrário, estou vislumbrando guiá-los no caminho de um entendimento profundo e de um compromisso com Deus. O arrependimento para com Deus e a fé no Senhor Jesus Cristo serão parte dessa vida de compreensão profunda e de compromisso com Deus.

Vocês têm motivos para nutrirem esperança, como pais que desejam ver seus filhos possuírem fé. A esperança é o poder do evangelho. O evangelho é adequado à condição humana. O evangelho é atraente. Deus já mostrou grande misericórdia para com seus filhos, colocando-os em um lugar de abundantes privilégios, um lar onde podem ouvir sua verdade. Eles têm visto o poder transformador da graça nas vidas do povo dele. Sua oração e expectativa é que o evangelho lhes sobrepujará a resistência, assim como o fez com vocês.

A maioria dos livros escritos sobre adolescentes pressupõe a rebeldia ou, pelo menos, o testar os limites do controle paternal. Minha suposição é o oposto: se você realizou com integridade sua tarefa de pai, uso as palavras de Tito 1.6, seus filhos não são "acusados de dissolução, nem são insubordinados".

Se você está desanimado, sentindo que seus adolescentes são ingovernáveis e que está com sério problema de relacionamento com eles, recomendo-lhe aquilo que dissemos antes. Voltar-se para Deus em arrependimento, com sua família, e estabelecer novos objetivos irá, na misericórdia de Deus, trazê-los à reconciliação. Busque a Deus; ele pode tornar reto aquilo que é torto.

Tenho desfrutado de alegria ao ver famílias conseguirem superar tempos de grande aflição e dor nos anos de adolescência de seus filhos. Deus lhes concedeu graça e integridade para buscarem-no durante suas longas noites de sofrimento e trouxe-lhes um novo dia de gozo e de paz. Agora podem labutar no reino de Deus solidariamente com seus filhos, outrora rebeldes.

PASTOREANDO A INTERNALIZAÇÃO DO EVANGELHO

Seu papel durante este período é pastorear seu filho, encorajando-o e procurando influenciá-lo no processo de internalização do evangelho.

Você tem ensinado seu filho as verdades a respeito de Deus, tem lhe mostrado o caráter de Deus e proclamado a sua glória. Expôs a seu filho as bênçãos de viver debaixo do cuidado protetor de Deus. Você falou sobre a principal finalidade do homem — "glorificar a Deus e desfrutá-lo para sempre". Avisou-lhe sobre os perigos de não amar e de não glorificar a Deus. Na credulidade natural da infância, ele aceitou o que você lhe disse.

Nos anos de adolescência, seu filho está recebendo novas informações. Ele tem uma crescente consciência de sua própria pecaminosidade e fragilidade. Aceitou os padrões que lhe foram ensinados. Agora, em sua crescente autoconsciência, ele é confrontado com sua incapacidade de fazer o que deve. Ele não se tornou pior, está simplesmente mais consciente de si mesmo e de sua fraqueza e necessidade.

Seu filho também se defronta com um crescente entendimento de que nem todos creem da maneira como ele foi ensinado. Ele está lendo, ouvindo e aprendendo coisas que desafiam tudo que lhe ensinaram a crer.

Sua tarefa como pai é pastorear e nutrir com o evangelho essa interação. O que o capacitará a ter acesso a este adolescente que está se tornando adulto?

DESENVOLVENDO UM RELACIONAMENTO DE PASTORADO COM ADOLESCENTES

Estou supondo que você agiu com sucesso nas duas primeiras fases do desenvolvimento de seu filho e que o Espírito Santo trabalhou por estes meios, de modo que o seu papel não é o de remediar, e sim o de orientar. Você estabeleceu o seu papel e o seu direito de estar envolvido na vida de seu filho. Isso é apenas um aspecto do agenciamento que você exerce como um pai que está sob a autoridade divina. Seu filho (ou filha) reconhece sua autoridade.

Se sua autoridade sobre seu filho adolescente ainda não foi estabelecida, urge que você separe tempo para buscar a Deus e reavaliar sua vida com seu adolescente. Confesse, repense e estabeleça sua autoridade e a responsabilidade de ambos, baseado na Palavra de Deus. Não há um atalho para seu dever como pastor deles ou para que seus adolescentes desejem ser pastoreados. O único caminho é o arrependimento e a fé.

Sua preocupação em ser uma força construtiva na vida de seu filho foi estabelecida e demonstrada enquanto você procurava lidar com o caráter dele nos anos intermediários da infância. Seu pastorado agora é simplesmente uma extensão daqueles papéis realizados anteriormente na vida de seu filho.

AUTORIDADE *VERSUS* INFLUÊNCIA

Um dos elementos fundamentais do pastorado é a influência. Recorde a Figura 6, do capítulo 10.

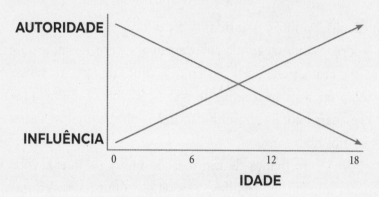

Fig. 6 - Autoridade / Influência contínua

A autoridade neste quadro denota o que podemos realizar com nossos filhos por sermos mais fortes, mais rápidos, maiores, *etc*. A influência representa a disposição de seu filho em colocar-se debaixo de sua autoridade, porque confia em você. Seu papel como uma influência é o de ajudá-lo a conhecer suas necessidades e ser honesto consigo mesmo.

Por exemplo, é impossível conviver com sua filha adolescente. Ela está sempre agredindo a todos a sua volta. Se você está procurando exercer autoridade, pode ordenar: "Eu nunca mais quero ouvir isso de novo... Você está de castigo por um mês... Não pode usar mídias sociais... Eu não aceitarei isso em minha casa!"

Mas, se você está procurando influenciá-la, dirige-se a ela com as gentis repreensões da vida: "Vejo que você está encontrando dificuldade para ser uma pessoa agradável. Eu a amo. Quero ajudá-la a falar de maneira construtiva".

A primeira abordagem aumenta o senso de alienação, levando o adolescente a associações que podem ser prejudiciais. A outra, o aproximará do filho em amor e gentil repreensão. A segunda abordagem abraça e aceita, levando a criança a receber a correção como uma pessoa sábia. Não faz a criança sentir-se como um tolo. Indignidades pessoais não devem ser a condição sobre a qual repreendemos nossos filhos.

À semelhança de um pai que busca pastorear, você quer influenciar seu filho a responder com palavras razoáveis, extraídas de sua percepção acerca do caráter humano, baseado na Escritura. Você está procurando influenciar e fornecer conselho. Não poderá realizar nada de valor duradouro simplesmente sendo uma autoridade. Você tem de aconselhar e influenciar.

Certa tarde, meu filho de dezesseis anos estava em casa. Tivera um dia de folga, na escola, por causa da neve:

– Papai, eu posso ir deslizar de trenó, na neve, por algumas horas com os vizinhos?
– Bem, filho, você já esteve fora por várias horas e há um projeto em seu quarto que você precisar concluir.
– Pensei em fazer isso mais tarde, à noite, mas não posso andar de trenó à noite.
– Estou preocupado com uma coisa. Notei que você começou a fazer este projeto, em seu quarto, há várias semanas atrás e ainda não o completou. Isso me preocupa, porque acho que você deixa seus projetos incompletos com mais frequência do que deveria. Você demonstra uma ótima atitude para

com qualquer coisa que sua mãe ou eu lhe pedimos, mas as tarefas de longo prazo, que exigem uma execução passo a passo, parecem ser difíceis para você fazer.
– Estou muito ocupado. Quando saio da escola e da prática de ginástica, não sobra tempo para trabalhar naquele projeto.
– Bem, eu sei que você é ocupado, mas hoje foi um dia livre, e você não trabalhou em seu projeto. Não acho que isso seja bom para você. Gostaria de vê-lo superar sua aversão por tarefas de longo prazo. Estou somente preocupado com você, filho.
– Posso aceitar o que o senhor está dizendo, pai. Mas eu acho que poderia passear de trenó e ainda fazer aquele trabalho.
– Está bem, filho. Você sabe o que tem de fazer.

Observei, alguns minutos depois, que Arão ainda estava em casa.

– Você não vai deslizar de trenó? – perguntei.
– Sim, mas decidi fazer este trabalho primeiro.

Foi o necessário. Nada de gritos, nada de ameaças, nada de conversa ofensiva. Por que ele decidiu ficar? Ele achou que fiz uma observação válida e ficou para agir de acordo com nossa conversa. Ele estava disposto a ser influenciado por mim.

Estou convencido de haver poucos momentos em que um pai tem de exigir que seus filhos adolescentes façam ou não façam algo. Os pais que todos os dias estão fazendo exigências e requisições não estão praticando os princípios bíblicos. Os filhos de quem os pais esperam obediência às suas exigências e requisitos, provavelmente os estão burlando e fazendo o que eles mesmos desejam.

PASTOREANDO NA DÚVIDA

Haverá momentos de dúvida e indagações na vida de qualquer jovem criado em um lar cristão. Parte da internalização é tornar-se consciente da fé. Todo jovem passa por um período em que examina detalhadamente as reivindicações da fé cristã.

Todo adolescente tem de lutar com a dúvida: se crê por si mesmo ou se foi induzido pela família. Passará por tempos em que questionará a validade das Escrituras. Precisará fortalecer sua compreensão das realidades fundamentais da fé.

Às vezes, os pais são tentados a entrar em pânico, quando seus filhos têm perguntas. Respondem com palavras como: "Eu não acredito que você está duvidando de Deus"; ou: "Você simplesmente tem de crer"; ou: "É melhor não questionar estas coisas".

Incentive seu filho a não fugir destas perguntas. Todos nós não somos obrigados a questionar a respeito de tudo, mas precisamos encontrar respostas para as nossas perguntas. A fé cristã é suficientemente robusta para suportar o esquadrinhamento.

Às vezes, você terá de ajudar os adolescentes a encontrarem respostas para problemas que você jamais encontrou dificuldades. Talvez precisará educar a si mesmo. Precisei aprender alguns conceitos básicos de física para ajudar meus filhos a examinarem esta disciplina através de uma perspectiva bíblica. É provável que você tenha de ajudá-los a encontrar livros ou outros materiais de apologética.

Você pode compartilhar sua própria experiência ao lidar com questões de fé. Também pode mostrar-lhes que a filosofia não cristã está destituída de respostas satisfatórias e harmônicas para a maioria das questões filosóficas sobre a humanidade e o universo.

Também expusemos nossos filhos a relacionamentos com pessoas que entendem o mundo das ideias através do referencial da fé bíblica. Desenvolver relacionamentos familiares com pessoas cristãs que têm interesses comuns aos dos nossos filhos, é importante para eles, pois são enriquecidos por relacionamentos com pessoas cristãs mais velhas. Estes relacionamentos têm reforçado nossa instrução e fortalecido nossa influência. Acima de tudo, não entre em pânico nestes períodos. Caminhe junto com seus filhos, confiando-os ao Deus todo-poderoso e entregando-lhe, em confiança, o treinamento e a salvação deles.

INTERAÇÃO POSITIVA

Você deve manter um relacionamento positivo com seus filhos adolescentes. Sua interação deve ter o objetivo de ministério. Seja uma força construtiva na vida de seu filho. Você deseja ser uma fonte de estímulo e inspiração.

Isso nem sempre é fácil. Adolescentes são capazes de cometer erros colossais. Há uma enorme lacuna entre o desejo de ser autônomo e a compreensão da vida, por parte do adolescente. Isto é um solo fértil para erros gigantescos. É fácil um pai perder de vista o seu enfoque.

Em certa ocasião, Arão estava usando nosso automóvel como transporte em um emprego de verão. Numa tarde, ele voltou para casa com a traseira amarrada com uma corda. Naturalmente, fiquei curioso. Parece que, enquanto fazia uma curva na estrada, um lápis rolou do painel para o chão do carro. O parachoque "caiu" quando ele se abaixou para apanhar o lápis e bateu em uma proteção da estrada!

Na época, tínhamos um carro velho que usávamos para reposição de peças; portanto, meu filho disse que consertaria o carro. Naquela noite ele removeu o parachoque arruinado, mas não teve tempo de substituí-lo pelo do carro velho.

No dia seguinte, ele bateu de ré, em um barranco, ao fazer um contorno. Provavelmente não teria causado tanto dano se o parachoque traseiro estivesse no carro.

Em tempos de fracasso, como este que acabei de descrever, seus adolescentes precisam de interação positiva. Você precisa focalizar-se nos objetivos que tem para seus filhos. Eles precisam que a mãe e o pai sejam construtivos e criativos. Você precisa de um adequado senso de proporção, a fim de lembrar-se de que seu filho vale muito mais do que um carro.

Não estou falando sobre protegê-los da responsabilidade e isolá-los das consequências de seus erros. Estas são lições importantes quando conduzidas de maneira construtiva. Tenho em mente a interação entre pais e filhos cheia de esperança e coragem. Esta interação é capaz de tornar um fracasso em uma oportunidade de aprender e ir adiante.

Você não pode dar-se ao luxo de humilhar seus adolescentes com discurso destrutivo. O jovem a quem dizemos: "Você não tem valor, não presta, é um relaxado, um vagabundo", provavelmente, atingirá as expectativas de seu pai.

Provérbios nos ensina que as palavras agradáveis promovem instrução. "O sábio de coração é chamado prudente, e a doçura no falar aumenta o saber" (Provérbios 16.21). Palavras agradáveis lubrificam as rodas da instrução. Um versículo posterior enfatiza a mesma lição: "Palavras agradáveis são como favo de mel: doces para a alma e medicina para o corpo" (16.24).

Não devemos admirar que tantos adolescentes não aceitem a instrução de seus pais. Eles estão sofrendo sob a crueldade das duras palavras de seus pais. Toda instrução se perde em um espírito ferido e em uma alienação mais profunda.

> "O coração do sábio é mestre de sua boca e aumenta a persuasão nos seus lábios" (Provérbios 16.23).

Em todas as suas interações, o objetivo é assegurar que seu adolescente encontre conforto e força no conhecer a Deus.

Os adolescentes frequentemente experimentam fracasso. Na qualidade de pais cristãos, vocês devem tornar-se adeptos da atitude de conduzir seus filhos à cruz, a fim de que encontrem perdão e poder para viver. Você causa grande prejuízo a seus filhos se neutralizar todas as desculpas para o fracasso e os forçar a verem seu pecado como este realmente é, sem lhes oferecer os velhos caminhos da cruz. Não admira que os adolescentes cristãos muitas vezes possuam tão baixa autoestima! Eles aprenderam a ver todos seus falsos mecanismos de lidar com a culpa, mas o que fazer com isso quando este lidar não lhes foi adequadamente ensinado.

Até seus momentos de aviso têm de demonstrar uma confiança positiva. Encontramos um bom padrão no livro de Hebreus. Em Hebreus 6, após dar um aviso direto, o escritor acrescenta estas palavras: "Quanto a vós outros, todavia, ó amados, estamos persuadidos das cousas que são melhores e pertencentes à salvação, ainda que falamos desta maneira" (v. **9**).

DESENVOLVENDO UM RELACIONAMENTO ADULTO

Uma boa metáfora para o relacionamento do pai e do adolescente é o relacionamento que adultos deveriam ter uns com os outros. Há vários elementos em um relacionamento adulto que se mostram semelhantes ao seu relacionamento com o filho adolescente. Isto não significa que ele está deixando a supervisão dos pais, porém caracteriza a ascensão do filho à vida adulta.

Pense no relacionamento com seu filho nestes termos. Ao nutrir relacionamentos com amigos adultos, como você procuraria desenvolver essa amizade? Quais são alguns "pode" e "não pode" do relacionamento adulto?

AGUARDANDO O TEMPO CERTO

Em relacionamentos comuns de amizade, você jamais atacaria seu amigo no momento em que o visse fazer algo cuja sabedoria você questionaria ou pensasse ser errado. Desde que a vida dele não estivesse em perigo, você não se precipitaria contra ele por causa de tudo que o visse fazer ou o ouvisse dizer. Você esperaria seu tempo, aguardando o momento próprio. Seus filhos adolescentes devem receber menor consideração?

Às vezes, tenho me sentido envergonhado por estar com os pais de adolescentes e ouvi-los repreender seus filhos em toda pequena falha. Você não tem a obrigação bíblica de censurar seus filhos por todas as atitudes deles que lhe são irritantes. Você deve constantemente ceder espaço para os diferentes estilos e modos de seu adolescente, mantendo a correção para as falhas morais e éticas.

Quando você determina que precisa abordar algum problema com seu filho, deve aguardar o tempo ideal. Se você tem um assunto importante a discutir, algo que ajuda é providenciar um tempo ininterrupto para uma boa conversa, por exemplo, uma caminhada ou um passeio de carro.

Desenvolva sensibilidade para com seus filhos. Às vezes, eles conversam bastante; às vezes, são menos acessíveis. Nos momentos em que eles são acessíveis, você deve estar preparado para envolvê-los. Isto pode ser inconveniente para você, mas é crucial para o seu relacionamento com eles.

ABORDE TEMAS AMPLOS

No relacionamento com um adulto, você não chama a atenção de seus amigos por causa de cada "coisinha" que necessita de mudança. Pelo contrário, você procura entender as maneiras gerais por meio das quais as pessoas reagem e centraliza sua conversação nestes aspectos.

Na ilustração sobre meu filho, citada antes, o tema amplo era o dedicar-se às tarefas de longo prazo. O projeto que ele tinha em seu quarto era ilustrativo de outras coisas. Esta é a razão por que eu o mencionei e também por que ele reagiu daquela maneira. O que eu disse ressoou nele. Ele fez as conexões porque viu o padrão em si mesmo, quando o chamei à atenção. Ele não resistiu porque não teve de lidar com minha ira e desaprovação. Reagir à minha orientação (em comparação com as alternativas) foi algo fácil.

PERMITINDO A DISCORDÂNCIA

No relacionamento adulto, é possível discordarmos uns dos outros e permanecermos amigos. O mesmo deve ser verdade no relacionamento com seus filhos. Eles não têm de concordar com você em tudo, para respeitá-lo.

Às vezes, os pais não distinguem entre o que corresponde às Escrituras e o que apenas reflete seu gosto pessoal. Em assuntos como vestir, penteado, **etc.** é possível haver discordância entre pessoas sinceras. Há muitas áreas em que você necessita puxar as rédeas e dar orientação clara a seus adolescentes. Não desperdice sua influência em coisas sem importância. Isto pode significar que, de vez em quando, eles vestirão algumas roupas esquisitas. Não se preocupe, as pessoas esquecerão e, com o tempo, passarão a volubilidade e o experimentalismo deles. Seus adolescentes não precisam ser cópias dos pais para serem santos!

ALÉM DA INTERNALIZAÇÃO

Mesmo o processo de internalização não é o fim. Simplesmente abre o caminho para o futuro desenvolvimento de seus filhos. Lembre-se: você deseja vê-los assumirem seus lugares como pessoas autônomas que se encontram sob a autoridade do Senhor.

Isto envolverá o seguinte:

1. Desenvolver uma maneira de pensar cristã. Seus filhos precisam desenvolver a habilidade de pensar de maneira cristã. Têm de aprender a esquadrinhar toda área do pensamento e sujeitá-la à crítica bíblica.

Heather tinha um trabalho para escrever. Seu assunto era o abuso de crianças. Ela escolheu suas fontes de informação, incluindo algumas que adotavam uma perspectiva cristã. Quando terminou o trabalho, ela o trouxe a nós para uma verificação. Alegramo-nos ao ver que sua conclusão apresentava uma crítica bíblica a respeito do problema e soluções que refletem ser a fé cristã a única fonte de cura profunda e definitiva.

2. Desenvolver amizades com adultos. Nisto há dois elementos: a) fazer amizades com adultos da igreja e da comunidade; b) desenvolver amizades e relacionamentos edificantes e construtivos entre seus colegas.

3. Descobrir e desenvolver sua esfera peculiar de ministério. Isto envolve entender com o que Deus os equipou, a fim de contribuírem para o povo dele. Também exigirá um senso mais profundo de mutualidade com os outros e o consolidar-se, de maneira corporativa, juntamente com o povo de Deus. Você não é capaz de fazer isto acontecer, pode apenas esperar para pastorear o processo.

4. A determinação de uma carreira em que eles possam cumprir o mandato cultural e a ordem de Deus de sustentarem a si mesmos e de compartilharem com os que têm necessidade. O seu papel é facilitar o entendimento deles a respeito de suas forças e fraquezas. Abandone o desejo de transformá-los naquilo que você almeja que eles sejam. Ajude-os a fazerem escolhas que lhes trarão sucesso no que eles pretendem ser.

5. O estabelecimento do próprio lar e da identidade familiar deles, como membros da sociedade e parte da igreja de Cristo. Você pode ajudá-los a guardar a integridade de seus novos relacionamentos familiares. Pratique a sabedoria divina nas suas expectativas para eles. Permita que fique para trás aquela fase anterior do relacionamento de vocês. O relacionamento deve mudar para que eles estabeleçam um lar e uma família diante de Deus. Lembre-se de que o relacionamento pai-filho é temporário, o relacionamento marido-mulher é

permanente. "Por isso, deixa o homem pai e mãe [relacionamento temporário] e se une à sua mulher, tornando-se os dois uma só carne" [relacionamento permanente] (Gênesis 2.24).

6. Desenvolver um relacionamento maduro com os pais. Isto envolve um relacionamento de mutualidade e, à medida que a providência de Deus permite, um ministério compartilhado.

CONFIANDO-OS A DEUS

A tarefa de ser pai ou mãe chega ao fim. Não somos mais os pastores a cuidar do rebanho. Esse aspecto de nosso relacionamento está acabado. Isto será verdade, quer eles se casem, quer simplesmente assumam seu lugar como adultos em sua comunidade. Deus pretende que esta seja uma tarefa temporária.

Em última análise, você precisa confiar seus filhos a Deus. O que eles se tornarão não depende somente daquilo que você fez, ao fornecer-lhes influências formativas. Dependerá também da natureza do compromisso deles para com Deus. Você os entrega a Deus, sabendo que pode confiar seus filhos ao Deus que tem lidado de maneira tão graciosa com você.

APLICAÇÃO PRÁTICA

1. Se perceber que seu relacionamento está desgastado, o que você pode fazer para promover a compreensão e a cura? Existem coisas das quais você deve se arrepender e buscar perdão?

2. Você está usando a repreensão gentil e palavras agradáveis para influenciar seu adolescente com perspectivas extraídas da Escritura?
3. Você aprendeu a pastorear seu adolescente em períodos de dúvida e confusão acerca da fé? Você está disposto a ajudá-lo a esclarecer suas dúvidas e confusão?
4. Que ocasiões são oportunas para você conversar, certos assuntos, com seu adolescente? Quando você encontra franqueza e receptividade à interação?
5. Você está, de maneira consciente, criando seus filhos para partirem? Sua visão de pastorear está mesclada com um relacionamento de mutualidade com filhos adultos?

O Ministério Fiel visa apoiar a igreja de Deus de fala portuguesa, fornecendo conteúdo bíblico, como literatura, conferências, cursos teológicos e recursos digitais.

Por meio do ministério Apoie um Pastor (MAP), a Fiel auxilia na capacitação de pastores e líderes com recursos, treinamento e acompanhamento que possibilitam o aprofundamento teológico e o desenvolvimento ministerial prático.

Acesse e encontre em nosso site nossas ações ministeriais, centenas de recursos gratuitos como vídeos de pregações e conferências, e-books, audiolivros e artigos.

Visite nosso site

www.ministeriofiel.com.br

LEIA TAMBÉM!

Impressão e Acabamento | Gráfica Viena
Todo papel desta obra possui certificação FSC® do fabricante.
Produzido conforme melhores práticas de gestão ambiental (ISO 14001)
www.graficaviena.com.br